Eckhard Frick

*Sich heilen lassen*

**Ignatianische Impulse**
Herausgegeben von Stefan Kiechle SJ und Willi Lambert SJ,
Band 12

**Ignatianische Impulse** gründen in der Spiritualität des Ignatius von Loyola. Diese wird heute von vielen Menschen neu entdeckt.

**Ignatianische Impulse** greifen aktuelle und existentielle Fragen wie auch umstrittene Themen auf. Weltoffen und konkret, lebensnah und nach vorne gerichtet, gut lesbar und persönlich anregend sprechen sie suchende Menschen an und helfen ihnen, das alltägliche Leben spirituell zu deuten und zu gestalten.

**Ignatianische Impulse** werden begleitet durch den Jesuitenorden, der von Ignatius gegründet wurde. Ihre Themen orientieren sich an dem, was Jesuiten heute als ihre Leitlinien gewählt haben: Christlicher Glaube – soziale Gerechtigkeit – interreligiöser Dialog – moderne Kultur.

Eckhard Frick

# Sich heilen lassen

## Eine spirituelle und psychoanalytische Reflexion

echter

Für Hilde und Wilhelm
in Dankbarkeit

Bibliografische Information der Deutschen Bibliothek
Die Deutsche Bibliothek verzeichnet diese Publikation in der Deutschen Nationalbibliografie; detaillierte bibliografische Daten sind im Internet über <http://dnb.ddb.de> abrufbar.

2., verbesserte Auflage 2007

www.echter-verlag.de
Umschlag: Roberto Meraner (Autorenfoto: Barbara Möllers-Middendorf, Zahnärztekammer Westfalen-Lippe)
Druck und Bindung: Clausen & Bosse GmbH, Leck
ISBN 978-3-429-02698-1

# Inhalt

Machen wir die Augen auf. Wir können nicht, wir sind blind, sagte der Arzt. Es ist eine große Wahrheit, dass der schlimmste Blinde derjenige ist, der nicht sehen will. Aber ich will doch sehen, sagte das Mädchen mit der dunklen Brille. Deshalb wirst du noch nicht sehen, der einzige Unterschied ist, dass du aufhörst, die schlimmste Blinde zu sein ...

(José Saramago: Versuch über die Blindheit)

# Vorwort

Die Buchreihe »Ignatianische Impulse« ist nach dem baskischen Adeligen Iñigo (Ignatius) von Loyola benannt. Am Pfingstmontag 1521 verteidigte er die Festung Pamplona gegen die Übermacht einer französischen Invasionstruppe. Der »Impuls«, welcher Ignatius in dieser militärisch aussichtslosen Situation traf, war eine feindliche Kanonenkugel. Diese fügte ihm eine Wunde am rechten Bein zu, die nicht heilen wollte. Ignatius berichtet darüber in seiner Autobiografie, die er Jahre später diktierte. Aus diesem »Pilgerbericht« wissen wir, dass er eine Zeit lang in Lebensgefahr schwebte, wohl wegen einer Infektion. Für Ignatius waren Gesundheit und tadellose äußerliche Erscheinung wichtige Werte. Als ihm die Ärzte mitteilten, die Knochen seien falsch zusammengewachsen, stimmte er zu, sie in einer schmerzhaften Prozedur neu einzurichten. Er bezeichnet dies als »neuerliche Metzgerei« (*de nuevo esta carnecería*, Pilgerbericht 2), die er jedoch mit zusammengeballten Fäusten ertragen habe, ohne seine Schmerzen zu zeigen. Nachdem die Todesgefahr beseitigt war, blieb ein störender Knochenvorsprung zurück. Ignatius erkundigte sich, ob man diese hässliche Stelle unterhalb des Knies und die Beinverkürzung korrigieren könne. Die Ärzte bejahten dies, bereiteten ihn jedoch auf im Vergleich zur ersten Operation wesentlich größere Schmerzen vor. Wir befinden uns im 16. Jahrhundert, 300 Jahre vor Erfindung der Anästhesie. Trotz der Warnungen seines älteren Bruders stimmte Ignatius zu, sich nach eigenem Geschmack, d.h. um ein kosmetisch befriedigendes Ergebnis zu erzielen, erneut martern zu lassen (*martirizarse por su propio gusto*, Pilgerbericht 4).

Zwar wird sich Ignatius von dieser Verletzung erholen. Doch ein Leben lang schmerzt ihn die Wunde, und hinkend wird er ganz Europa durchwandern. Von dieser Verletzung behält er nicht nur eine äußere, sondern auch eine innere Narbe zurück, die sich auf sein Selbstbild bezieht und darauf, was er mit seinem Leben anfangen möchte. Er hat in der verlorenen Schlacht um die Festung Pamplona große Lebensprojekte zurückgelassen: den gesellschaftlichen Aufstieg in eine von höfischen Idealen geprägte Welt, die männlich-ritterliche Ausstrahlung auf Frauen, welche wir aus den Andeutungen der überlieferten autobiografischen Texte erschließen können, die jugendlich-sportliche Selbstwahrnehmung. Eine Reihe von Idealen sind auf dem Schlachtfeld gestorben, die er selbst als weltlich, vor der Bekehrung liegend oder als sündhaft gedeutet hat (Pilgerbericht 1).

Bei allem Respekt vor Ignatius selbst und vor dem traditionellen Bild dieses Heiligen: Bewertungen als »sündhaft« oder »heilig« sind für unseren Zusammenhang unerheblich, ja: störend und vom Wesentlichen ablenkend. »Sündhaft« oder »heilig« sind moralische Begriffe, die unserem Fragen nicht weiterhelfen. Uns geht es um den inneren Prozess, den *Impuls* für die Entwicklung des Ignatius, der mit Verwundung, Genesung und innerer Wandlung verbunden ist. Solange Ignatius lediglich in barocker Stilisierung als Heiliger gesehen wird, kann dieser Impuls uns Heutige nur schwer erreichen. Durch die Konfrontation mit seiner Verwundung, seinem bleibenden Hinken, erreicht er jedoch das moderne Ich unmittelbar. Wie jeder »Hinkende« erinnert er mich daran, dass ich selbst behindert und verwundet bin.[1] Die Verwundung und Behinderung des »Hinkenden« bezieht sich zunächst auf körperliche Leiden. Sie kann sich aber ebenso – wie bei Ignatius – auf seelische Leiden beziehen. Psychische Leiden sind uns aber weit weniger bewusst als physische. Bei der seelischen Verwundung besteht die Gefahr darin, dass die eigene Wunde unbewusst wird, indem ich sie verlagere (projiziere) auf den Hinkenden, der mir begegnet.

Als »Heilung« soll dieser durch den Impuls »Kanonenkugel« eingeleitete Prozess deshalb bezeichnet werden, weil das Leben des Ignatius dadurch eine zugleich gesundheitliche *und* spirituelle Wende erfuhr. Die Verwundung des Ignatius in Pamplona können wir also in drei Dimensionen verstehen: physisch, psychisch und spirituell. Dabei handelt es sich nicht nur um ein Nacheinander der drei Dimensionen (Wundheilung, Selbstwertkrise, Klärung der Gottesbeziehung), sondern um einen lebenslangen, ganzheitlichen Prozess, in dem Leib, Seele und Geist reifen und gesunden.

Nicht immer wird das Wort »Heilung« im spirituellen Sinn verwendet, wie das in diesem Buch geschieht. Wenn etwa eine Lungenentzündung ausgeheilt ist, sprechen wir davon, dass der Patient wieder gesund ist. Hier wie bei der chirurgischen Wund-»Heilung« sind keine spirituellen Aspekte im Blick, jedenfalls nicht im Vordergrund. Heilung im Sinn einer vollständigen Wiederherstellung der Gesundheit ist im medizinischen Alltag selten. Beispielsweise erholt sich jemand von einem Herzinfarkt, wodurch die zugrunde liegende Erkrankung der Herzkranzgefäße jedoch keineswegs geheilt ist. Viele chronische Krankheiten wie etwa die Zuckerkrankheit können vom Arzt medikamentös »eingestellt«, nicht aber geheilt werden.

Auch wenn Heilungs-Erwartungen enttäuscht werden – Ignatius hatte wohl gehofft, dass sein Zustand vor der Verletzung völlig wiederhergestellt werde –, hört die Sehnsucht nach Heilung nicht auf.

Ganzheitliche Heilung umfasst neben physischen und psychischen auch spirituelle Gesichtspunkte. Für die Sorge um die spirituelle Gesundheit hat sich der Begriff *Spiritual Care* eingebürgert, und zwar als gemeinsame Verantwortung nicht nur der Seelsorger, sondern aller am Prozess der Heilung Beteiligten. Das englische Wort *care* meint sowohl die Achtsamkeit für mich selbst, für den eigenen spirituellen Weg, als auch für die anderen, deren Bedürfnisse, Nöte und Wünsche mir anvertraut sind. Das englische Wort *care* können wir mit »sich kümmern um« wiedergeben: Der leidende Mensch kann auch in spiritueller Hinsicht *bekümmert* sein: wenn die bisherigen Sinnentwürfe nicht mehr tragen, wenn die Gemeinschaft gläubiger und suchender Menschen nicht mehr hilfreich ist, ja: wenn Gott »wie ein versiegender Bach, ein unzuverlässiges Wasser« geworden ist (Jeremia 15,18). In einer solchen Situation gehört es zur Leib- und Seelsorge aller therapeutisch Tätigen, sich um den Heilung suchenden Patienten zu *kümmern.*

Für vielfältige Anregung und Unterstützung danke ich den Patienten und Mitarbeitern des Projektes »Lebensqualität nach autologer Stammzell-Transplantation« am Klinikum der Universität München und der Deutschen José Carreras Leukämie-Stiftung. Stellvertretend für alle, die mich durch ihren Rat beim Schreiben unterstützt haben, möchte ich meine Kollegin Margarete Schüßler erwähnen.

# 1. Von der Erfolgsstory zum Realismus: Die (Ohn-)Macht der Heiler

Im Märchen »Gevatter Tod« überreicht der Tod dem zukünftigen jungen Arzt als Patengeschenk allerhand Kräutlein, mit deren Hilfe er die verschiedensten Gebrechen und Krankheiten heilen kann, vorausgesetzt, er respektiere das alleinige Recht des Todes, über den endgültigen Ausgang der ärztlichen Bemühungen zu entscheiden. Erscheine er am Kopfende des Kranken, so der Pakt des Todes mit seinem Patenkind, könne der Arzt gewiss sein, seinen Patienten zu retten. Stehe der Tod hingegen zu dessen Füßen, müsse der Arzt akzeptieren, dass der Kranke sterben muss. Denn gegen den Tod »ist kein Kraut gewachsen«. Diese Patenschaft mit dem Tod beschert dem jungen Arzt zunächst einen Heilerfolg nach dem anderen und macht ihn so berühmt, dass der König ihm schließlich die Hand seiner wunderschönen, wenn auch krankheitshalber ziemlich blassen Tochter verspricht, falls er sie von ihrer schweren Krankheit heilt. Es kommt, wie es kommen muss: Der Taufpate erscheint zu Füßen des Mädchens, dem Arzt drohend, denn der hatte schon einmal »getrickst«: Er hatte den kranken König kurzerhand im Bett herumgedreht, so dass der Tod zu Häupten des Königs zu stehen kam. Dies war jedoch keineswegs im Sinne des Patenonkels, der das königliche Leben hatte auslöschen wollen. Atemlos und hilflos erlebt der Leser die Krise der Erfolgsstory mit: Wiederum trickst der Arzt und dreht die wunderschöne Königstochter um, deren Wangen sich sogleich zum blühenden Leben röten. Er hat also »Er-

folg«, allerdings nur im Beruf und nicht in der Liebe. Denn diesmal muss er seinem Gevatter die Übertretung *mit seinem eigenen Leben bezahlen* und selbst sterben.
Mit dem märchenhaften Patensohn des Arztes haben wir Ärzte zweierlei gemeinsam: die Versuchung der Erfolgsstory und die Versuchung, den Tod »auszutricksen«. Beides entspringt übrigens nicht in erster Linie der individuellen oder kollektiven Verblendung von Ärzten, die jedes gesunde Maß verloren hätten. Es ist vielmehr unser aller Erwartung. Denn es ist wahrscheinlich, dass auch wir Patienten sind oder es irgendwann werden und dann von unserem Arzt erwarten, er möge erfolgreich sein, *heilen,* und, wenn es ernst wird, die Grenze des Todes möglichst weit hinausschieben, uns also notfalls »auf den Kopf stellen« bzw. »herumdrehen«. Ob der Arzt das Bett herumdreht oder den darin liegenden Patienten: In jedem Fall steht irgendwann der Tod dort – wie eine Kompassnadel, die nach vielen Drehungen schließlich ihre Position gefunden hat.
Nicht nur im Märchen, sondern auch im medizinischen Alltag am Krankenbett ist der Tod oft für den Patienten unsichtbar. Nur der Arzt sieht sein befehlendes und drohendes Gestikulieren. So gerät der Arzt nur allzu leicht in einen doppelbödigen Visiten-Dialog, in eine gleichzeitige Zwiesprache mit dem Patienten und mit dem Tod, in dessen Besitz sich das Stundenglas befindet: Einerseits handelt er mit dem Tod die Lebenszeit des Patienten aus, sein Wohl und Wehe. Für den Patienten ist diese »konsiliarische« Unterhaltung mit dem Patenonkel unhörbar und unsichtbar (als »Konsiliarius« bezeichnet man in der Medizin einen beratend hinzugezogenen Kollegen). An-

dererseits muss er dem Patienten Rede und Antwort stehen und auf seine hohen Erwartungen eingehen. Der oder die Kranke formuliert diese Erwartungen nicht immer mit den großen Worten, die von Leben und Tod reden. Oft geht es »nur« um die Wirksamkeit dieses oder jenes Kräutleins.

Von den Kräutlein der Schulmedizin erwarten wir, dass sie ihre *Wirksamkeit* in kontrollierten Studien erwiesen haben. Das gilt für große Gruppen von Patienten, etwa für alle Leukämiekranken eines bestimmten Stadiums, für die sich ein bestimmtes Chemotherapie-Protokoll als wirksam erwiesen hat. »Alle« heißt jedoch weder »100 %« noch »immer«. Das Individuum kann zur Minderheit der Therapieversager gehören. Außerdem rechnet die Statistik mit einer »Irrtumswahrscheinlichkeit« von bis zu 5 %, dass die Wirksamkeit fälschlich angenommen wird. Diese ernüchternden Zahlenverhältnisse beschäftigen den modernen Arzt, während er mit dem Tod debattiert.

Der oder die Kranke interessiert sich indes weniger für die Kräutlein-Studien als für den eigenen Fall, über den die Studien nichts wissen. Der Patient fragt seinen Arzt: Wird dieses Kräutlein *mir* helfen? Der Arzt interessiert sich hingegen nicht nur für das Wohlergehen des einzelnen Patienten, sondern auch für die *Wirksamkeit* seiner therapeutischen Bemühungen. »Wer heilt, hat Recht«, sagt ein Sprichwort, genauer gesagt: Nur wer im Einzelfall heilt, hat Recht, nicht wer die besseren Statistiken auf seiner Seite weiß. Dies gilt für die Schulmedizin ebenso wie für die Kräutlein der Alternativmedizin und auch für die Psychotherapie, die ja nicht einmal mit Kräutlein aufwarten kann. Sie heilt nicht instrumentell (chirurgisch, medikamentös, krankengymnastisch usw.), sondern symbolisch, mit dem Wort, und verzichtet auf direkte körperliche Beeinflussung ihrer Patienten.

Das Märchen betrifft uns alle, gleichgültig, ob wir nun gerade Königstochter, König oder Arzt sind. Um Missverständnissen vorzubeugen: Es ist verständlich und legitim, vom Arzt Heilung zu erwarten, und, wenn es darauf ankommt, um das eigene Leben zu kämpfen. Auch wenn es weniger ernst ist, sind wir froh darüber, dass der Arzt Schmerzen, Übelkeit, Fieber oder andere Beschwerden als »Symptome« erkennt und beseitigt. Symptome stören, wie jeder weiß, der schon einmal Zahnschmerzen hatte. Ein kleiner Zahn kann das Leben stark beeinträchtigen, ja weitgehend lahm legen. »Haben Sie Schmerzen?«, fragt die Zahnarzt-Helferin am Telefon. Und – o Wunder! – ein »Ja!« des Schmerzgeplagten ermöglicht einen schnellen Termin auch bei Zahnärzten, die ansonsten wochenlang ausgebucht sind. Jeder Schmerz wird größer, wenn er ins Zentrum der Aufmerksamkeit rückt und mit Angst und muskulärer Anspannung einhergeht, besonders dann, wenn die schmerzgeplagte Person befürchtet, unter einem unkontrollierbaren Schmerz zu leiden – also unter einem Schmerz, gegen den kein Kraut gewachsen ist.

Dies gilt nicht nur für die Schmerzen, die der Zahnarzt behandeln kann, sondern auch für jene viel häufigeren Symptome, die kein Zahnarzt oder Arzt erklären kann. Je nach Statistik leidet etwa jeder zehnte Erwachsene unter »somatoformen« Beschwerden, also körperlichen Symptomen, die trotz sorgfältiger organischer Abklärung schulmedizinisch unerklärbar sind.[2] Der Leidenszustand des Patienten besteht jedoch unabhängig davon, ob der Arzt in diagnostischer und therapeutischer Hinsicht hilflos ist oder nicht. Hautjucken als Frühsymptom einer bösartigen Blut-Erkrankung kann ebenso ins Zentrum der Selbstbeobachtung rücken wie eine harmlose Nesselsucht.

»Wer heilt, hat Recht« – dies ist die bewusste Seite der Erfolgsstory und zugleich die angenehme. Alle, die auf dem Heilungsmarkt ihr Angebot anpreisen – diese Angebote werden immer zahlreicher und umfassen immer neue Behandlungstypen –, wetteifern um dieses Rechthaben. Die Statistiken der »evidenzbasierten«, das heißt: auf gesicherten Forschungsergebnissen beruhenden Medizin und die knappen Kassen der Kostenträger bestimmen nur ein Segment dieses expandierenden Marktes. Auch psycho-spirituelle Angebote aller Art treten in Konkurrenz zu schulmedizinischen Methoden. Nicht selten werben sie damit, dort zu helfen, wo die Schulmedizin versagt, also *wirksamer* zu sein und damit die Schulmedizin in gewisser Weise mit den eigenen Waffen zu schlagen. Eine makabre Konkurrenz zu der an den Universitäten gelehrten Medizin stellten jahrhundertelang die Henker dar. Als sich im Jahre 1744 die Berliner Wundärzte über die Heilerlaubnis für Scharfrichter beschwerten, erwiderte ihnen Friedrich der Große mit dem Prinzip: »Wer heilt, hat Recht« (*»... dass sich jemand lieber durch einen Scharfrichter kurieren und helfen lasse, als ihnen zu gefallen lahm und ein Krüppel bleibe«*[3]). Die Scharfrichter verfügten durch differenzierte Folter- und Hinrichtungsmethoden über gute Kenntnisse bezüglich der Anatomie, Belastbarkeit und Heilungsressourcen der von ihnen gequälten Körper. Dass sie sich durch Jahrhunderte das Recht zu heilen nahmen, erinnert in gespenstischer Weise an jene Ärzte unserer Tage, die den Henkern und Folterern assistieren.

»Wer heilt, hat Recht« – es gehört zu den Regeln des Heilungs-Marktes, Scheitern, Misserfolg und Irrtum den Konkurrenten zuzuschreiben, manchmal auch dem Patienten, der nicht richtig mitgemacht, die Anweisungen des Heilers nicht genau befolgt hat (im medizinischen Jargon: *non-compliance*). In diesem Konkurrenzkampf versucht jeder, noch schnell das Bett oder den Patienten herumzudrehen oder aber das Krankenzimmer zu verlassen, bevor der Tod zur Visite erscheint.
Das Spektrum des Begriffs »Heilung« ist breit, wie aus der folgenden Tabelle deutlich wird:

*cure*

**Wellness**
**Fitness, Vitalität**
**Attraktivität, Schönheit, Kosmetik**
**Gesundheit**
**Aus-Heilung**
**Restitutio ad integrum**
**Erholung, Genesung**
**Defekt-Heilung, Narbe**
**5-Jahres-Heilung**
**Spontan-Heilung**
**Wunder-Heilung**
**Flucht in die Gesundheit**
**Übertragungs-Heilung**
**Symptom-Heilung**
**Symptomkontrolle**
**Krankheitsbewältigung**
**Versöhnung**
**Absurdität und Sinn**
**Heilung von der *Krankheit zum Tode***

*heal*

Wer Heilung sucht, geht selbstverständlich aufs Ganze, möchte nicht eine Teil-Heilung, sondern eine völlige Heilung, möglichst noch einen Zuwachs an Vitalität und Schönheit obendrein. Ja, eine vom Chirurgen genähte Wunde soll nicht nur irgendwie verheilen, die Narbe soll »schön« werden oder – noch besser! – völlig verschwinden, vielleicht bei einer Nachoperation. Alles soll wieder so werden wie vorher, möglichst aber besser. Die Medizin spricht von »restitutio ad integrum«, von völliger Wiederherstellung des Zustandes vor der Krankheit. Es gibt derartige »Erfolgsstorys«, und wir gönnen sie uns und allen Heilung Suchenden. Immer mehr Krankenhäuser werden zu Wellness-Zentren und Gesundheitsparks umgestaltet, wo es möglichst wenig nach Desinfektionsmittel, Urin und Erbrochenem riecht, sondern vielmehr nach Sportschuhen, ätherischen Ölen und Schwimmbad. Wir sprechen dann auch gern vom »kurativen« Behandlungsziel (lat. curare, engl. to cure), z.B. in der Behandlung kindlicher Leukämien: Die kurierten Überlebenden sollen sich als Erwachsene in nichts von Gesunden unterscheiden – abgesehen von ihrer Krankheits- und Heilungserfahrung.

In der folgenden Abbildung werden die Heilungs-Begriffe am Beispiel der Krebsbehandlung verdeutlicht: Die obere Hälfte kann mit »to cure« überschrieben werden, die untere mit »to heal«.

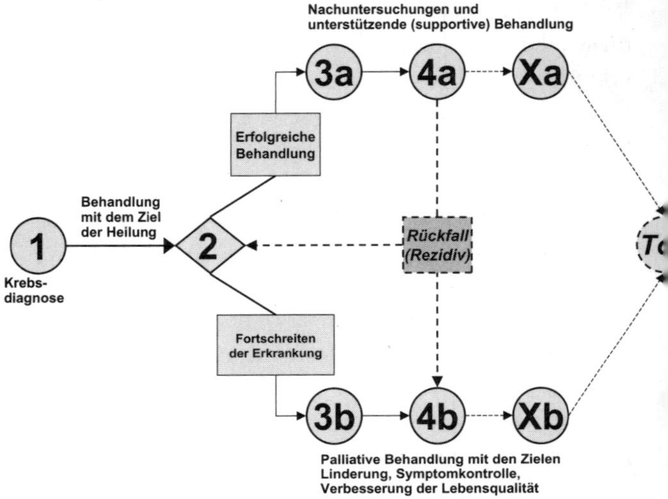


Nach der Erstdiagnose (Zeitpunkt 1) hoffen Patient, Arzt und Angehörige, dass die (kurative) Behandlung zur Heilung führt, dass also der Krebs *erfolgreich* behandelt wird. Dies zeigt sich zum Zeitpunkt 2: Bei erfolgreicher Behandlung sind lediglich Nachuntersuchungen (3a und folgende) und eine unterstützende Behandlung erforderlich, wozu auch eine psychoonkologische Therapie gehören kann. Kommt es hingegen zum Zeitpunkt 2 zu einem lokalen Fortschreiten der Erkrankung oder zur Bildung von Tochter-Absiedelungen (Metastasen), ist ein Therapieziel-Wechsel erforderlich. Die Behandlung ist nun nicht mehr auf die Heilung gerichtet (kurativ), sondern »palliativ«, d.h. lindernd und auf die Kontrolle von Symptomen (Schmerzen, Gewichtsverlust, Übelkeit, Depression usw.) gerichtet. Es kann auch vorkommen, dass es bei einer Nachuntersuchung (4a) trotz zunächst erfolgreicher Behandlung zu einem Rückfall kommt, so dass erneut kurativ behandelt werden muss oder – in Anbetracht des Krankheitsverlaufes – sofort palliativ.

Wie steht es mit dem Heilungswunsch »unheilbar« Kranker und wie mit dem Scheitern »kurativer« ärztlicher Bemühungen, entweder zum Zeitpunkt 4a oder aber mit dem Tod, der ja letztlich jedes Leben verlöschen lässt und jegliches ärztliche Bemühen zunichte macht? Heilung kann im Deutschen aktiv/transitiv im Sinne von *heil machen* verstanden werden, z.B. Matthäus 12,22: »Damals brachte man zu ihm einen Besessenen, der blind und stumm war. Jesus heilte ihn, so dass der Stumme wieder reden und sehen konnte«. Daneben gibt es jedoch auch die passiv/intransitive Bedeutung des *Heilwerdens*, z.B. die Klage in Jeremia 15,18: »Warum dauert mein Leiden ewig und ist meine Wunde so bösartig, dass sie nicht heilen will? Wie ein versiegender Bach bist du mir geworden, ein unzuverlässiges Wasser«. Die reflexive Formulierung im Titel dieses Büchleins »Sich heilen lassen« greift beide Aspekte auf: zulassen, dass ein anderer heilt, und selber heilen. Für die passiv/intransitive Verwendung hat das Deutsche ein zweites Wort: *genesen* (heil davonkommen). Während *Heilen* einen längeren Prozess meint, entscheidet sich *Genesen* »im Augenblick der Gefahr und ist entweder ganz oder sein Gegenteil« (Gebrüder Grimm). Genesung ist nicht auf Krankheiten eingeschränkt, sondern umfasst auch die *Erholung* von anstrengenden Behandlungen und Operationen wie der Beschneidung (Josua 5,8) oder von Geburten: »Eines Kindes genesen« meint die glückliche Entbindung (Jesaja 66,7). Auch »unheilbar Kranke« können von einer Phase ihrer Erkrankung genesen oder sich von den Strapazen einer Chemotherapie, Bestrahlung oder Operation erholen: Sie sind auf Widerruf gesund. Die Sehnsucht nach Heilung gibt ihnen auch dann Kraft, wenn nur vorübergehende Genesung möglich ist.

Heilung darf also nicht auf den aktiv/transitiven Aspekt eingeschränkt werden. Aus diesem Grund wird dieses Buch »Heilung« nicht nur im Sinn der Wirksamkeit (»to cure«) verwenden. In einem erweiterten Sinn kann Heilung nämlich auch dann noch geschehen, wenn die Mittel der ärztlichen Kunst ausgeschöpft sind und es in erster Linie um die Versöhnung mit der Begrenztheit des endlichen Lebens (»healing«) geht. Umgekehrt kann Heilung auch verfehlt werden, gerade am Ende des Lebens, wenn einseitig Kontrolle angezielt wird. Heilung bewegt sich zwischen zwei Polen: kämpfender Widerstand gegen die Bedrohung des Lebens – und Zulassen von Entwicklung, wozu im Letzten auch das Sterben gehört, *die Heilung der Krankheit zum Tode,* wie der Philosoph Kierkegaard formulierte.[4]

Im Verlauf der folgenden Überlegungen werde ich immer wieder kurze Übungen vorschlagen. Sie können den Lesern helfen, das Gesagte auf ihre Erfahrung anzuwenden und sich in schwierige Situationen anderer Menschen einzufühlen. »Übungen« (*ejercicios*) ist ein Begriff, den Ignatius von Loyola gern gebrauchte, um Vorbereitung, Wiederholung, Vertiefung des inneren, des spirituellen Menschen zu beschreiben. Genauso wichtig war ihm das »Experiment«, d.h. die Übertragung auf die soziale, mitmenschliche und politische Wirklichkeit, in der wir leben. Es geht also über das intellektuelle Verstehen hinaus um einen existenziellen Prozess. Eilige Leser können die Übungen überspringen und vielleicht später auf sie zurückkommen, wenn sich ein passender Augenblick ergibt. Hier ist die erste:

Übung 1: Eigene Verwundungen

*Welche Verwundungen trage ich mit mir herum, körperliche und/oder seelische? Würde ich gern jemandem davon erzählen oder meine Verwundungsgeschichte lieber für mich behalten?*

Wenn Heilung im Sinne des Vollständig- oder Heil-Seins nicht oder noch nicht oder nicht mehr möglich ist, verschwindet jedoch keineswegs die Sehnsucht nach Heilung. Von dieser Sehnsucht nach Heilung, auch über die unvermeidlichen Grenzen unseres Könnens, Machens und Hoffens hinaus, müssen wir jetzt sprechen.

# 2. Das Krankenhaus als spiritueller Ort

»Sollen Ärzte religiöse Aktivitäten verordnen?« Unter dieser provozierenden Überschrift werden in einer angesehenen medizinischen Fachzeitschrift die Zusammenhänge zwischen Religion und Gesundheit von Sloan und Mitarbeitern heftig und kontrovers diskutiert.[5] Die Autoren referieren zunächst den zunehmenden Trend in der US-amerikanischen Öffentlichkeit und Medizin, die folgenden Annahmen für empirisch belegt zu halten: Religiöse Aktivität geht mit guter oder verbesserter Gesundheit einher; derartige Aktivitäten vermitteln dem Patienten Trost und Unterstützung; Patienten wünschen, dass religiöse Fragen in der ärztlichen Behandlung berücksichtigt werden.

Die Studie über das Fürbittgebet und seine Auswirkungen auf den klinischen Verlauf nach koronarer Bypass-Operation, STEP[6], ist ohne Zweifel eine mit erheblichem Aufwand und methodischer Umsicht durchgeführte Untersuchung. Die Autoren wollten die Hypothese überprüfen, dass das Fürbittgebet – und zwar das Fürbittgebet über die Distanz hinweg, nicht etwa das Beten *mit* dem Patienten – die Gesundung fördert, in diesem Fall die Genesung nach einer Bypass-Operation. Sie testeten die Hypothese in einem aufwändigen Doppelblind-Design, ähnlich wie die Wirksamkeit eines Medikaments getestet wird. Dementsprechend wurden 1802 Patienten in eine der drei Gruppen gelost. Nach dem Zufallsprinzip wurden sie entweder

(A) darüber informiert, dass vielleicht für sie gebetet würde, vielleicht aber auch nicht, und *es wurde für sie gebetet*
oder
(B) darüber informiert, dass vielleicht für sie gebetet würde, vielleicht aber auch nicht, und *es wurde NICHT für sie gebetet*
oder
(C) darüber informiert, dass für sie gebetet würde, und *es wurde für sie gebetet.*

Die Namen bzw. Initialen der für das Gebet ausgelosten Patienten A und C wurden per Fax ausgewählten klösterlichen Gemeinschaften mitgeteilt. STEP erbrachte zwei wichtige Ergebnisse:

1) Entgegen der von den Autoren formulierten Hypothese ließ sich kein signifikanter Unterschied zwischen den Gruppen A und B bezüglich der postoperativen Komplikationen nachweisen.
2) Hingegen waren die Komplikationen bei den Patienten, die wussten, dass für sie gebetet wurde, signifikant höher als bei denen, für die ohne ihr Wissen gebetet wurde.

Dieser Nebenbefund, den die STEP-Autoren zu relativieren versuchen, ist im Grunde der Hauptbefund der Studie. Er lässt sich kaum anders interpretieren, als dass die Patienten durch das angekündigte Beten verunsichert wurden.
Sloan und Mitarbeiter lassen die Empfehlung der STEP-Autoren und ähnlicher Studien, Ärzte sollten religiöse Aktivitäten verordnen, aus mehreren Gründen nicht gelten: Wegen des starken Gewichts der ärztlichen Autorität einerseits und der erheblichen

kulturellen Unterschiede zwischen den einzelnen religiösen Gruppen andererseits gefährde dies die Freiheit der Patienten. Auch der Wunsch vieler Patienten, religiöse Dinge in die ärztliche Behandlung einzubeziehen, dürfe nicht unreflektiert und undifferenziert erfüllt werden. Der Arzt solle nach spirituellen Ressourcen nicht isoliert, sondern im größeren Kontext der Krankheitsverarbeitung fragen. Der wichtigste Einwand ist jedoch der Hinweis auf eine drohende Trivialisierung der Religion: Religion darf nicht in der Weise instrumentalisiert werden, wie die STEP-Autoren dies vorschlagen, also getestet oder verordnet wie ein Antibiotikum.

Übung 2: Erwartungen an einen guten Arzt
*Welche äußeren und inneren Eigenschaften hat in meiner Vorstellung der ideale Arzt/die ideale Ärztin?*

Heilung ist ein ganzheitliches Geschehen, das Leib, Seele und Geist des Menschen umfasst. Unter dem Einfluss der Heilungserfolge unserer naturwissenschaftlich-technisch ausgerichteten modernen Medizin wird Heilung meist auf den *physischen* Bereich eingeschränkt: Der Körper des Menschen wird gemessen, objektiviert und repariert wie eine Maschine. Die *Psychotherapie* arbeitet nicht mit Medikamenten, Instrumenten und operativen Eingriffen, sondern symbolisch, das heißt: mit der Wahrnehmung von leiblich-seelischen Prozessen, mit dem Verstehen von deren Bedeutungen und mit der Veränderung im Dialog zwischen Patient und Therapeut. Trotzdem steht auch die Psychotherapie in der Gefahr, einseitig als Reparatur aufgefasst zu werden, indem sie lediglich störende Symptome beseitigt. Die geistige, *spiri-*

*tuelle* Dimension von Medizin und Psychotherapie kommt erst in den Blick, wenn nach der symbolischen Bedeutung von Krankheit und Heilung gefragt wird: Was bedeuten Krankheit, Behinderung, Begrenzung für die Suche des kranken Menschen nach Sinn und Hoffnung? Wie verändern sich sein Leben und seine bisherigen Schwerpunkte durch die Erkrankung?

Aber auch der spirituelle Bereich steht in der Gefahr, von der leiblichen und seelischen Realität des Menschen abgespalten zu werden. Die Sakramente der Heilung, vor allem Beichte und Krankensalbung, drohen zu magischen Handlungen zu werden, die mit dem leib-seelischen Heilungsprozess nicht mehr im Zusammenhang stehen.

Im Sinne der neueren Diskussion verwende ich den Begriff »Spiritualität« als den im Verhältnis zu Religion/Religiosität umfassenderen Begriff. Die Diskussion hierüber ist unter den Fachleuten noch nicht abgeschlossen.

»Spiritualität ist vage und diffus geworden. Dahinter steht nicht mehr die ursprüngliche, im Neuen Testament wurzelnde Wortbedeutung (von gr. *pneumatikós,* lat. *spiritualis,* d.h. ›geistlich‹, ›im-Geist-sein‹), sondern das angelsächsische *spirituality*. Deren Ziel ist es, Religion zu verinnerlichen. Spiritualität im Gefolge von *spirituality* ist universal. Sie übersteigt die Grenzen von Religionen, Kulturen und Nationen. *Spirituality* hat mit Glaube wenig zu tun, tendiert es doch mehr auf ›direktes Wissen‹ bezüglich religiöser Dinge und der naturwissenschaftlichen Wahrnehmung der Welt. *Spirituality* ist direkte, unmittelbare, auf persönlicher Erfahrung von Transzendenz beruhende Religiosität. Ein durch Autoritäten vermittelter Glaube wäre ein

Glaube aus zweiter Hand, würde nicht mehr auf direkter, unvermittelter Eigenerfahrung des Göttlichen beruhen und ist daher abzulehnen. Solche Spiritualität ist weder institutionell noch dogmatisch festgelegt. Das Christentum kennt die Auseinandersetzung mit dieser Sichtweise. Schon der Hellenismus als Ursprungsmilieu des Christentums war ein Schmelztiegel unterschiedlichster Spiritualitäten. Demgegenüber war und ist es umso wichtiger, das spezifisch Christliche zu benennen. Was zählt zum Unaufgebbaren, zur Identität christlicher Spiritualität?«[7]
An diesem Zitat sind mehrere Dinge bemerkenswert: Zweifellos befinden wir uns mitten in einer begrifflichen Neubestimmung des Wortfeldes Religiosität/Spiritualität. Für die noch ausstehende Bedeutungsklärung spielt der Einfluss des angelsächsischen Sprachgebrauchs eine große Rolle. Zutreffend ist aber auch, dass die christliche Theologie und Lebensgestaltung sich offensiv in diesen Dialog einbringen muss und diesen Dialog als Chance erkennen sollte.[8]
In früheren Jahren trafen Theologen und Seelsorger als Experten für religiöse Fragen auf einen teilweise feindselig-atheistischen, teilweise desinteressierten Medizin-Betrieb. Dies beginnt sich zu ändern. *Spiritual Care* ist nunmehr ein Thema von Medizin und Pflege, allerdings in einer religiös und spirituell pluralen Weise. Spiritualität kann sich sicher nicht in Wellness oder esoterischer Gefühlsduselei erschöpfen. Die empirische Forschung versucht auf ihre Weise, die spirituellen Phänomene klarer zu erfassen. Am vielversprechendsten dürfte es sein, die Begriffe Religiosität/Spiritualität mit den Betroffenen zu klären, vor allem mit den *Patientinnen und Patienten.* Ein möglichst offen angelegtes Interview über spirituelle Einstellun-

gen, Wünsche und Bindungen kann nicht nur der spirituellen Krankheitsverarbeitung dienen, sondern auch der Herausarbeitung des spezifisch Christlichen.[9] Auf einer persönlichen Ebene stellt sich dem Kranken die Aufgabe, die Beschwerden seiner Krankheit und die Auswirkungen der Behandlung zu verarbeiten. Aufklärung, ärztlicher Rat und medizinische Behandlung helfen ihm dabei. Darüber hinaus muss jedoch der Patient die eigenen Heilungs-Ziele herausfinden. Für einen gläubigen Menschen steht dies im Zusammenhang mit spirituellen Überzeugungen, Erfahrungen und Bindungen, die sich nicht in der *Funktion* der Religion für Krankheits- und Lebensbewältigung erschöpfen. Vielmehr geht es im Feld der Spiritualität um die Transzendenz, um das uns nicht Verfügbare.

Übung 3: »Ich möchte ganz gesund werden!«
*Was stelle ich mir darunter vor? Was alles gehört dazu?*

Das Krankenhaus, in dem es meistens recht materialistisch, technisch und pragmatisch zugeht, ist ein spiritueller Ort: ein Ort der Auseinandersetzung mit den Grenzen des menschlichen Lebens – so meine These. Spiritualität hat also nichts mit kirchlicher Trägerschaft von Krankenhäusern oder mit Krankenhausseelsorge im engeren Sinn zu tun, jedenfalls nicht in erster Linie. Vielmehr geht es mir um den Umgang mit jener Grenze des Wiss- und Machbaren, an die Ärzte, Pflegepersonal und Patienten immer wieder geraten.
Diese Grenze müssen wir letztlich akzeptieren. Und

doch ist der Mensch, ob eingestanden oder nicht, ein Wesen der *Transzendenz* (lat. *transcendere,* überschreiten). Er/sie möchte über diese Grenze hinaus. Das hat nichts mit Allmachtsphantasien zu tun, sondern mit einer Sehnsucht, die gleichzeitig Grenzen akzeptiert und weiter hofft. Gerade in der Begegnung mit Muslimen und anderen Gläubigen fremder Kulturkreise im Krankenhaus stellt der aufmerksame Beobachter fest, wie selbstverständlich viele Menschen mit einem ›Jenseits‹ unseres begrenzten Lebens rechnen, trotz des säkular-agnostischen Charakters unserer offiziellen Kultur. Die Not des Glaubens und die Angst angesichts der Grenze kann auch beim Fehlen von sprachlichen oder rituellen Traditionen ein guter Anknüpfungspunkt für das Gespräch mit dem Patienten sein. In theologischer Hinsicht kann das Transzendenz-Kriterium als eine möglichst große *Offenheit für die Gottesbeziehung (und deren Entwicklung)* formuliert werden. Es geht hier also um den gläubigen Umgang mit der Grenze, mit dem Unbekannten »jenseits« dieser Grenze, wie wir in einer räumlichen Metaphorik sagen. Der Psychoanalytiker Wilfred Ruprecht Bion prägte die Formulierung »faith in O«, wobei er mit »O« andeutend das Nicht-Gewusste bezeichnete.[10] Von Bion lässt sich lernen, dass wir das Unbekannte akzeptieren können, dass ärztliches Handeln diesseits unserer Grenzen stattfindet. Trotz dieser Annahme von Grenzen sind jedoch sowohl Ärzte als auch Patienten spirituelle, auf die Transzendenz ausgerichtete Wesen. Die Haltung gegenüber der Transzendenz kann von Angst und Vermeidung bestimmt sein oder auch von gläubigem Vertrauen, das sich der Unfassbarkeit der Transzendenz stellt.

ÜBUNG 4: HILFREICHE GRENZERFAHRUNG

*Ich erinnere mich, wann und wo geplante Unternehmungen trotz guter Vorbereitung und geeigneter Mittel scheiterten. Gab es auch solche Situationen, wo ich trotz Enttäuschung, Ratlosigkeit, Ärger usw. aus dem Scheitern lernen konnte?*

Ignatius spricht in einem Brief an Isabel Roser (10. 1. 1532) davon, dass der Kranke durch Gottes »Heimsuchung« ein »halber Doktor« wird: »Gleichwohl, wenn ich erwäge, dass diese Krankheiten und andere zeitliche Verluste oft aus der Hand Gottes unseres Herrn kommen, damit wir uns besser erkennen und mehr die Liebe zu den geschaffenen Dingen verlieren und vollständiger bedenken, wie kurz dieses unser Leben ist, damit wir uns schmücken für das andere, welches immer bleiben wird; und wenn ich bedenke, dass er mit diesen Dingen die Personen heimsucht, die er sehr liebt, so kann ich weder Traurigkeit noch Schmerz empfinden. Denn ich denke, dass ein Diener Gottes aus einer Krankheit zu einem halben Doktor geworden hervorgeht, um sein Leben auszurichten und zu ordnen zu Ruhm und Dienst Gottes unseres Herrn«.

# 3. Verwundung und Heilung

Die moderne Medizin, besonders die Krankenhaus-Medizin, ist eine verwundende, manchmal tötende Medizin. Ich sage dies nicht, um in den Chor der Kritiker von Apparatemedizin, seelenloser Forschung und Reparaturmentalität einzustimmen. Diese Kritik ist oftmals viel zu pauschal. Sie würdigt nicht, was wir der technisch und wissenschaftlich hoch entwickelten Medizin westlicher Prägung verdanken.

Fragen wir also vorsichtig nach der Erfahrung vieler Patienten, die sich durch die heilenden Bemühungen der Ärzte krank gemacht erfahren – freilich mit der Hoffnung, von diesen negativen Begleiterscheinungen letztlich zu profitieren. Ich denke an viele unserer Krebskranken, denen es zunächst außerhalb des Krankenhauses leidlich gut geht und deren Lebensqualität sich dann durch Chemotherapie, Bestrahlung oder chirurgische Eingriffe vorübergehend dramatisch verschlechtert.

*»Der verwundet hat, wird auch heilen.«* Diese alte, in der griechischen Medizin formulierte Wahrheit[11] wird oft vergessen, wenn idealisierend und geschäftstüchtig von der Heilung geredet wird. Nicht nur die griechische Tradition, auch die Bibel Israels wusste von dem dunklen Schatten-Aspekt jeglicher Heilung, wenn es in Hosea 6,1 heißt: »... er hat Wunden geschlagen, er wird uns auch heilen«.

Doch Vorsicht: Damit soll weder gesagt werden, der Arzt dürfe mutwillig verletzen, noch ist jede Strapaze und jede Einbuße an Lebensqualität des Patienten damit zu rechtfertigen, dass man ja letztlich nur sein

Bestes wolle. Dem wird heute mehr als früher entgegengehalten, dass die Entscheidung des Patienten zu respektieren ist, wenn seine Lebensqualität eingeschränkt werden soll. Erstaunlich, aber letztlich auch tröstlich ist, dass in den alten hebräischen und griechischen Überlieferungen dem menschlichen oder göttlichen Heiler selbst auch eine verwundende Seite zugeschrieben wird.

In der psychosomatischen Medizin wird zunehmend die Fähigkeit kranker Menschen zum »Zurückfedern« (»Resilienz«) in den gesunden Ausgangszustand untersucht. Auch Psychotherapie versucht, dabei zu helfen, Kraftquellen für die Gesundung (Ressourcen) zu erschließen. Krankheit kann sogar über das Wiederherstellen des gesunden Zustandes (restitutio ad integrum) hinaus zum »Blühen« (thriving), ja: zu post-traumatischem Wachstum beitragen. Allerdings dürfen solche Gedankengänge dem Patienten nicht eingeredet werden, vor allem nicht aus dem Grund, sein Klagen zum Verstummen zu bringen. Vielmehr kann erst eine gereifte, mit Wandlungsprozessen einhergehende Spiritualität zu einer vertieften, sinnbezogenen Krankheitsverarbeitung (»meaning based coping«) führen.[12] Verluste, Kränkungen und Misserfolge können so für neue Ziele und Sinngebungen bereit machen.

Sowohl der Krankheitsverlauf selbst als auch der Kontakt mit den therapeutischen Personen können also zu belastenden, verwundenden *und* hilfreichen, Sinn stiftenden Erfahrungen werden. Wer in Pflege, Medizin oder Therapie arbeitet, kommt mit der dunklen, verwundenden Seite des Heilens, mit dem Schatten in Berührung. Entwicklung wird gefördert, wenn dieser Schatten nicht abgeschüttelt, sondern angenommen und verwandelt wird. Ein Wort des Kirchenvaters

Gregor von Nazianz kann Orientierung geben: *Was nicht angenommen wird, kann nicht geheilt werden.*

ÜBUNG 5: VOM HEILER VERWUNDET?
*Welche Situationen fallen mir ein, in denen mir eine helfende Person (Arzt, Zahnarzt, Krankenschwester, Beraterin, Priester usw.) seelische oder körperliche Schmerzen zugefügt hat? Konnten wir darüber sprechen? Welche Auswirkungen hatten diese schmerzlichen Erfahrungen?*

Ein altes Prinzip ärztlicher Ethik ist das »Nicht schaden« (*nil nocere*). Der Arzt darf den Patienten nur verletzen, wenn dieser einwilligt und die Heilung gefördert wird. Auch das Strafrecht betrachtet den Schnitt des Chirurgen oder eine andere ärztliche Maßnahme so lange als Körperverletzung, bis ausreichende Aufklärung und verantwortungsvolle Therapieplanung nachgewiesen sind. In anderen helfenden Beziehungen, etwa in der geistlichen Begleitung, müssen die Hilfe suchende und die helfende Person ebenfalls gemeinsam abwägen: Dienen Schaden, Belastung und Schmerz dem Fortschritt, oder erschweren sie die Entwicklung? Schrecklich ist das unerklärliche, Gott selber zugeschriebene Leid, für das es keine Erklärung zu geben scheint. Die Bibel rechnet damit, dass Gott nicht nur Licht, sondern auch Dunkel, nicht nur Heil, sondern auch Unheil erschafft (Jesaja 45,7). Immer wieder geht von Gott Verletzung aus. Daher fürchtet paradoxerweise der Mensch, auch der mit Gott vertraute, seinem Gott zu begegnen. »Ich habe Gott von Angesicht gesehen, und meine Seele ist genesen«, so übersetzt Luther das Wort Jakobs nach dem Kampf am Jabbok (Genesis 32,31).

In erschütternder Weise ist der fragende Schrei der Klage im Buch Hiob festgehalten. Hiob, der leidende Gerechte, hadert mit Gott und deutet das Unglück, das ihm zustößt, als »Heimsuchung«, wie ein altes deutsches Wort das bald verwundende, bald heilende Wirken Gottes umschreibt. Gegenüber den theologischen Erklärungen der besser wissenden Freunde und Besucher bekommt er am Schluss von Gott selbst Recht. Die Auseinandersetzung mit den »Freunden«, die Hiob um »Erbarmen« bittet (Kap. 19), ist von bleibender Aktualität. Vielfältig sind die Diskurse von Besuchern leidender Menschen. Wie die Freunde Hiobs meinen sie es meistens gut, wandeln sich jedoch trotz bester Intentionen zu Verfolgern. Gleichwohl: Ratschläge sind auch Schläge! Äußerungen wie »Das wird schon wieder!«, »Du musst jetzt stark sein!«, »*Wir* schaffen das!«, vor allem aber der Terrorismus des »positiven Denkens« zeugen von der eigenen Hilflosigkeit angesichts des Leidens anderer. Dabei wünschen sich auch die Hiobs heutiger Tage oft nichts sehnlicher, als dass man ihnen zuhört, vielleicht auch nur *mit ihnen schweigt*. Inzwischen werden vielerorts, etwa in der Hospizbewegung, Kurse für Menschen angeboten, die helfen wollen, aber unsicher sind, was wirklich hilft.

Übung 6: Krankenbesuch bei Hiob
*Heute mache ich einen Krankenbesuch bei einem »modernen Hiob«, einem leidenden Menschen, der klagt und mit Gott hadert. Ich stelle mir seine Situation vor: Auf die Frage nach dem »Warum?« weiß auch ich keine Antwort. Aber ich höre zu und versuche zu verstehen, wie es meinem Gegenüber geht.*

Über weite Strecken des Buches Hiob haben die Freunde zwar Erklärungen und Tröstungen parat. Hiob selbst kann die Zumutung Gottes aber gerade nicht als heilend sehen. Sein Leiden scheint der »Prüfung« zu dienen. Am Schluss des Buches kritisiert Gott selbst die voreiligen Antworten der Freunde. Er heilt und segnet Hiob. Den Helfern fehlt oft eine Antwort auf die Warum-Frage. Sie können jedoch warten, zuhören und – wenn es sich ergibt – den Kranken fragen, welche Hilfe er wünscht. Dies gilt auch dann, wenn es keine Genesung gibt wie für Hiob.

Auch die *Schlange*, das Symboltier der Heilung, trägt das zugleich verwundende und heilende Doppelgesicht der Heilung. Sie wird einerseits mit dem Gift in Verbindung gebracht, andererseits ist sie das dem Heilgott Asklepios heilige Tier. Im Umkreis des Asklepioskultes von Epidauros dachte man sich Heilung als Erscheinung des Gottes mit seinem heiligen Tier. *Heil*träume wie der folgende galten als *heilig*. Der Kontakt mit dem »Heiligen« geschieht durch die Heilung: »Ein Mann wurde an seinem Fuß von einer Schlange geheilt. Er war wegen eines bösartigen Fußgeschwürs schlimm dran. Er wurde tagsüber von Dienern (›therapeontes‹) ins Freie gebracht und saß auf einem Sessel. Als er gerade eingenickt war, kam eine Schlange aus dem Heilraum, berührte und heilte seinen Fuß mit ihrer Zunge und zog sich wieder zurück. Als er gesund aufwachte, sagte er, er habe ein Gesicht gesehen und geträumt, wie ein schöner Jüngling seinen Fuß mit einer Arznei bestrichen habe«.[13]

Aus dem mit der Schlange umwundenen Stab ist das Symbol der Ärzte, Apotheker und Tierärzte geworden. Stab und Schlange finden wir im Zusammenhang mit Heilung auch in der Bibel Israels. In Numeri 21,4–9 lesen wir, dass das Volk in der Wüste gegen Mose und seinen Gott revoltiert, der daraufhin Giftschlangen unter das Volk schickt, so dass viele gebissen werden und sterben. Die Leute bitten Mose, Fürsprache für sie einzulegen: »Da sprach der HERR zu Mose: Mache dir eine eherne Schlange und richte sie an einer Stange hoch auf. Wer gebissen ist und sie ansieht, soll leben. Da machte Mose eine eherne Schlange und richtete sie hoch auf. Und wenn eine Schlange jemanden biss, so sah er die eherne Schlange an und blieb leben« (Vers 8f.).

Eine merkwürdige göttliche »Homöopathie« (Heilung durch Gleiches): Nachdem sie von kleinen Schlangen gebissen wurden, sollen die gebissenen Menschen eine große Schlange anschauen. Das Bild der Schlange steht für ihre Verletzung, *und* es bewirkt die Heilung!

ÜBUNG 7: HEILENDE BILDER

*Ich überlege mir: Welche heilenden Bilder sind für mich wichtig? Welche Bilder schaue ich gern an, wenn ich in einer schwierigen Situation bin? (Anzünden einer Kerze vor einer Marienstatue, Naturbilder, hilfreiche Internetseiten …).*

Die Doppeldeutigkeit von Tod und Leben wird im Johannesevangelium wieder aufgegriffen und auf den »erhöhten« (d.h. gekreuzigten) Jesus bezogen: »Und wie Mose in der Wüste die Schlange erhöht hat, so muss der Menschensohn erhöht werden, damit alle, die an ihn glauben, das ewige Leben haben« (3,14f.). Das Johannesevangelium nennt den schrecklichen Tod Jesu am Kreuz eine »Erhöhung«: Was in den Augen der

Menschen erniedrigend und schändlich ist, wird zunächst im räumlichen Sinn »beschrieben«. Das Kreuz hebt den Gekreuzigten über das Niveau des Erdbodens. Für das Johannesevangelium ist es charakteristisch, dass konkrete, räumlich-zeitliche Beschreibungen zugleich eine spirituelle Dimension haben, die wir hier so umschreiben können: Der Verwundete und Erniedrigte ist der Gescheiterte. Wer jedoch hinter den Anschein von Erfolg/Misserfolg, Stärke/Schwäche schaut, wer einen Blick für die verborgene Kraft hat, der wird den Erfolgreichen, Erhöhten und Herausragenden (Jesaja 52,12) sehen. Auch an anderen Stellen legt das Johannesevangelium diese Symbolik von Oben und Unten Jesus in den Mund: »Und ich, wenn ich erhöht werde von der Erde, so will ich alle zu mir ziehen« (12,32).
Auch in der Autobiographie des Ignatius von Loyola sind die Symbole der Schlange und des Kreuzes verknüpft: »Als er in jenem Spital war, geschah es ihm häufig am hellen Tag, ein Ding in der Luft neben sich zu sehen, welches ihm viel Tröstung gab, weil es in hohem Maß sehr schön war. Er konnte nicht gut die Art ausmachen, was es für ein Ding war; doch irgendwie schien ihm, dass es die Gestalt einer Schlange hatte; und es hatte viele Dinge, die wie Augen widerstrahlten, obwohl es keine waren« (Pilgerbericht 19). »Und nachdem dies eine gute Weile gedauert hatte, ging er, sich vor einem Kreuz, das dort in der Nähe war, niederzuknien, um Gott Dank zu sagen. Und dort erschien ihm jene Vision, die ihm viele Male erschienen war, und er hatte sie niemals erkannt: nämlich jenes Ding, das oben genannt wurde, das ihm sehr schön schien, mit vielen Augen. Doch sah er gut, als er vor dem Kreuz war, dass jenes so schöne Ding

nicht Farbe wie gewöhnlich hatte. Und er hatte eine sehr deutliche Erkenntnis, mit großer Zustimmung des Willens, dass dies der Teufel war. Und so pflegte er ihm danach viele Male über lange Zeit zu erscheinen, und er verscheuchte es in der Weise der Geringschätzung mit dem Stock, den er in der Hand zu tragen pflegte« (Pilgerbericht 31).

Die Schlangenvision des Ignatius von Loyola ist in der geistlichen Literatur ein Beispiel für die »Unterscheidung der Geister«, d.h. für die Differenzierung der Seelenbewegungen danach, ob sie vom guten oder bösen Geist stammen, wie Ignatius entsprechend der traditionellen Zweiteilung formulierte. C. G. Jung zufolge handelte es sich um eine authentische, echte Vision[14], in der die Polarität von Tod und Leben, von Verwundung und Heilung deutlich wird. In spiritueller Hinsicht ist es bezeichnend, dass die Vision der Schlange sich gerade vor einem Kreuz auflöst bzw. in das Kreuz verwandelt wird.

Verwundung und Heilung – beide Begriffe tauchen in dem griechischen Sprichwort »*ho trôsas iásetai*« (»der Verwundende wird heilen«[15]) auf. *Trôsas* ist derjenige, der ein *traûma* zufügt oder zugefügt hat. Das Wort »Trauma« benützen wir in unserer Sprache in leiblicher Hinsicht, z.B. in der Chirurgie und Unfallheilkunde, die auch als »Traumatologie« bezeichnet wird. In seelischer Hinsicht leben wir in einer Zeit der ständig und überall drohenden *Traumatisierung*. Die Liste ist lang und unabgeschlossen: der Kampf um die Anerkennung von Traumatisierungen bei Opfern der nationalsozialistischen Vernichtungslager[16], die erschreckenden Erkenntnisse über sexuelle Gewalt in Familien, die geschärfte Aufmerksamkeit für posttraumatische Störungen zunächst bei Vietnam-Veteranen und in der Folge bei verschiedenen untersuchten Gruppen, z.B. bei Menschen, die sich am 11. September 2001 in mehr oder minder großer Entfernung vom World Trade Center befanden.[17] Durch Extremerfahrungen wie Geiselnahme, Folter, Großunfälle ist auch die Einsicht gewachsen, welche Hilfe traumatisierte Menschen benötigen, wegen der typischerweise oft verzögernd auftretenden Beschwerden möglicherweise erst nach mehreren Wochen (post-traumatische Belastungsstörung). Andererseits zeichnen sich Extrembelastungen gerade dadurch aus, dass die Sprache versagt, dass geeignete Symbole fehlen, um das Schreckliche auszudrücken. Die Fähigkeit, das Erlebte zu erzählen, in einen Zusammenhang mit der eigenen Biografie zu bringen, ist bereits Ausdruck eines fortschreitenden Heilungsprozesses, an dessen Ende die Symbole der Heilung stehen. Auf dem Weg dorthin braucht es Prä-Symbole, vorläufige persönliche Zeichen, vielleicht die Hilfestellung eines Fachmannes oder einer Fachfrau, um die Fakten probeweise zu verknüpfen und langsam das Gewebe der Erzählung wachsen zu lassen, so dass beunruhigende oder absurde Leibwahrnehmungen, Niedergeschlagenheit und Angst einen *Sinn* erhalten, den allein der/die Betroffene finden kann. Das Überwältigende kann nicht rational »begriffen« werden, auch wenn es sinnvoll ist, die neurobiologischen Vorgänge zu untersuchen, die mit der Traumatisierung einhergehen. Der alte Satz: »Der Verwundende wird heilen« ist noch brennender und unheimlicher geworden. Mit der Gefahr ist aber auch, wie Hölderlin sagt, das Rettende gewachsen: mit der allgegenwärtigen Traumatisierung ist die Frage nach den eigenen Heilungsreserven (Ressourcen) stärker geworden.

Übung 8: Die Ressource der Entspannung mitten in der Anspannung
*Ich mache mit einer Hand, so fest ich kann, eine Faust. Dann lasse ich ganz locker und wiederhole diese Übung mehrmals. Sodann vergleiche ich diese Hand mit der anderen, ebenso den Zustand beider Arme (in Anlehnung an die progressive Muskel-Entspannung).*

Nicht nur moderne psychotherapeutische Methoden sind ressourcen-orientiert, sondern auch die ignatianischen Exerzitien. In der Ersten Woche der Spirituellen Übungen stellt sich der Exerzitant den eigenen seelischen Verwundungen und bittet im Gebet darum, dass sie geheilt werden. Möglicherweise muss er zunächst mit Verletzungen in Kontakt kommen, die er von Mitmenschen erlitten hat, und diese vergeben. Er muss sich also als Opfer erleben, bevor das eigene Tätersein in seinen Blick kommt und er die Vergebung seiner Schuld zulassen kann. Auch dies ist eine Weise, sich heilen zu lassen. Mit anderen Worten: Die meisten Menschen können leichter in die Opferrolle schlüpfen als in die Täterrolle. Es fällt uns leichter, uns an das Unrecht zu erinnern, das uns selber widerfahren ist, als an jenes, das wir anderen angetan haben. Die klassische Bibelstelle hierfür ist 2 Samuel 12: Nachdem David wegen seines Ehebruchs mit Batseba den Tod des Hethiters Urija, des Ehemannes der Batseba, herbeigeführt hatte, erzählt ihm Natan die Geschichte von dem reichen Mann, der einem armen dessen einziges Lämmchen wegnimmt. David identifiziert sich mit dem Opfer, in blinder Wut über den Täter. Er kann in diesem heftigen Gefühl der Konfrontation mit der eigenen Schuld nicht mehr ausweichen: »Da geriet David in heftigen Zorn über den Mann und sagte zu Natan: So wahr der Herr lebt: Der Mann, der das getan hat, verdient den Tod. Das Lamm soll er vierfach ersetzen, weil er das getan und kein Mitleid gehabt hat. Da sagte Natan zu David: Du selbst bist der Mann« (Verse 5 bis 7).

# 4. Den inneren Heiler entdecken

Heilung hat eine bewusste und eine unbewusste Seite. Der bewusste Aspekt lässt sich im Sinne der medizinischen Dienstleistung so umschreiben: Ich bin krank (mir »fehlt« etwas, nämlich die Gesundheit, die Heilung), deshalb gehe ich zum Arzt, der das entsprechende Wissen und Kräutlein »hat«, um mich gesund zu machen, zu heilen. Man kann sagen, dass dieser bewusste Aspekt schon schwer genug ist: Ärzte, Patienten und die gesamte Gesellschaft müssen enorme Mittel aufwenden, um das Wissen und die Behandlungsmöglichkeiten bereitzustellen, welche kranken Menschen helfen. Die Ressourcen sind ungleich verteilt: dem leidenden Patienten »fehlen« sie, der andere, der Heilungs-Experte, »hat« sie. Eine Erfolgsstory entsteht dann, wenn es der starken Seite (Ärzte, Krankenschwestern, Psychotherapeuten usw.) gelingt, die schwache zu »behandeln«, sie zu heilen.

Die unbewusste Seite ist demgegenüber überraschend, ja: provozierend. Sie lautet: Nicht nur der Patient ist krank, sondern auch der Arzt. Und: Auch der Arzt hat eine verwundende, traumatisierende Seite. Umgekehrt gibt es auch auf Seiten des Patienten einen »inneren Saboteur«, der dem »inneren Heiler« ins Handwerk pfuscht. Was soll das heißen? Es sind doch nicht etwa alle Ärzte Scharlatane, und ein ehernes Prinzip der ärztlichen Ethik ist doch das »Nicht schaden!« Soll da etwa behauptet werden, dass Kunstfehler und solide Arbeit aufs Gleiche herauskommen? Ärzte arbeiten viel, Tag und Nacht, und müssen sich fit und gesund halten, um ganz für ihre Patienten da zu sein. Und ebenso: Die meisten kranken Menschen wollen doch einfach nur gesund werden. »Krankheitsgewinn« (Nutzen ziehen aus einem Leidenszustand) ist der neurotische Sonderfall!

Übung 9: Krankheitsgewinn

*Ich suche mir ein mehr oder minder ernstes Beschwerdebild aus, unter dem ein Mitmensch leidet. Ich versuche zu verstehen, was sich durch die Störung am Leben dieser Person ändert, insbesondere welche Vor- oder Nachteile ihr seitens der Umwelt erwachsen, die auf das Beschwerdebild reagiert.*

Die Absicht unserer Überlegungen besteht nicht darin, die bewussten Motivationen (Heilenwollen bzw. Gesundwerdenwollen) herabzusetzen oder die Schattenseiten zu verallgemeinern. Vielmehr geht es um ein – freilich spannungsreiches – Sowohl-als-auch. Doch eins nach dem anderen.

Vom *Arzt* (Ärztinnen, das Pflegeteam, sonstige therapeutische Berufe sind hier eingeschlossen) aus gesehen, umfasst Heilung eine aktive, bewusste Seite und eine passive, unbewusste, die sich gewissermaßen »im Rücken« abspielt, die aber genauso wichtig ist. Heilung geschieht also nicht nur durch das, was bewusst geplant, durchgeführt und reflektiert wird, sondern auch durch das unbewusste Wachstum des Heilungsprozesses. Um mich diesem Wachstum zu öffnen, kann es hilfreich sein, die eigene »subjektive Anatomie«, das Erleben am eigenen Leib, zu üben.

Übung 10: Empfindungen kommen lassen (in Anlehnung an die funktionelle Entspannung)

*Ich lege oder setze mich bequem hin und frage mich: Wo spüre ich mich? Wo gar nicht? Sind diese Empfindungen warm oder kalt, hell oder dunkel, farbig, angenehm? Was passiert, wenn ich Bewegungen in den großen Gelenken ausprobiere, zum Beispiel den Arm im Schultergelenk anhebe? Diese Bewegung wiederhole ich zweimal und spüre ihr nach.*

Ein biblischer Bericht von Jesus (dem »Heiland«) kann hier Aufschluss bringen (Lukas 8,41–56): »Und siehe, da kam ein Mann mit Namen Jaïrus, der ein Vorsteher der Synagoge war, und fiel Jesus zu Füßen und bat ihn, in sein Haus zu kommen; denn er hatte eine einzige Tochter von etwa zwölf Jahren, die lag in den letzten Zügen. Und als er hinging, umdrängte ihn das Volk. Und eine Frau hatte den Blutfluss seit zwölf Jahren; die hatte alles, was sie zum Leben hatte, für die Ärzte aufgewandt und konnte von keinem geheilt werden. Die trat von hinten an ihn heran und berührte den Saum seines Gewandes; und sogleich hörte ihr Blutfluss auf. Und Jesus fragte: Wer hat mich berührt? Als es aber alle abstritten, sprach Petrus: Meister, das Volk drängt und drückt dich. Jesus aber sprach: Es hat mich jemand berührt; denn ich habe gespürt, dass eine Kraft von mir ausgegangen ist. Als aber die Frau sah, dass es nicht verborgen blieb, kam sie mit Zittern und fiel vor ihm nieder und verkündete vor allem Volk, warum sie ihn angerührt hatte und wie sie sogleich gesund geworden war. Er aber sprach zu ihr: Meine Tochter, dein Glaube hat dir geholfen. Geh hin in Frieden! Als er noch redete, kam einer von den Leuten des Vorstehers der Synagoge und sprach: Deine Tochter ist gestorben; bemühe den Meister nicht mehr. Als aber Jesus das hörte, antwortete er ihm: Fürchte dich nicht; glaube nur, so wird sie gesund! Als er aber in das Haus kam, ließ er niemanden mit hineingehen als Petrus und Johannes und Jakobus und den Vater und die Mutter des Kindes. Sie weinten aber alle und klagten um sie. Er aber sprach: Weint nicht! Sie ist nicht gestorben, sondern sie schläft. Und sie verlachten ihn, denn sie wussten, dass sie gestorben war. Er aber nahm sie bei der Hand und rief: Kind, steh auf! Und ihr Geist kam wieder, und sie stand sogleich auf. Und er befahl, man solle ihr zu essen geben. Und ihre Eltern entsetzten sich. Er aber gebot ihnen, niemandem zu sagen, was geschehen war.«

Es geht um zwei Töchter und bei beiden um die Zahl *zwölf*. Die Rahmenerzählung berichtet davon, dass Jesus zu der kranken zwölfjährigen Tochter des Jaïrus unterwegs ist (*bewusste* Bewegung *nach vorn*). Es entsteht ein Gedränge, also eine lästige Situation, die wir für gewöhnlich nicht differenziert wahrnehmen, die wir vielmehr durch eine uns angenehme Distanz loswerden wollen. Im Gedränge ist eine Frau, die seit *zwölf* Jahren unter gynäkologischen Blutungen leidet. Sie ist damit doppelt unrein: Als Frau dürfte sie nicht einen Rabbi berühren, und als »blutflüssige« nach jüdischem Ritualgesetz schon gar nicht. Sie tut es aber trotzdem und bricht das doppelte Tabu. Jesus merkt, dass etwas *im Rücken,* unbewusst geschehen ist. Dieses »Es« ist das Wesentliche. Jesus fragt, wer ihn berührt hat. Von Petrus kommt die rationalisierende Antwort: »Meister, das Volk drängt und drückt dich.« Doch Jesus insistiert: »Es hat mich jemand berührt; denn ich habe gespürt, dass eine Kraft von mir ausgegangen ist.« Während Jesus *nach vorne* zu einer bewussten Heilungs-Aktivität unterwegs ist, geschah das Wesentliche durch eine gar nicht von ihm intendierte Berührung. Sie mag im ersten Moment magisch wirken (von der Frau aus: »Wenn ich nur den Saum seines Gewandes berühre, wird mir das schon helfen«). Doch Jesus *wendet sich zu der Frau um* und verwandelt das Geschehene in eine bewusste Begegnung. Er spricht sie mit »Tochter« an und nennt das Geschehene *ihren Glauben*. Äußerlich und vielleicht ein wenig magisch handelt es sich um den Glauben an den äußeren Heiler. Innerlich ist es die Heilungs-Ressource der Frau, ihr »innerer Heiler«. Sie ist nun nicht mehr die unberührbare Blutflüssige, sondern die »Tochter«, die als Frau wieder in Beziehung treten darf. Als solche kann sie Jesus begegnen, dem »Heiland«, der sie aus ihrem langjährigen Gefängnis befreit.

### Übung 11: Dialog mit der geheilten blutflüssigen Frau

*Ich stelle mich in meiner Vorstellung neben Jesus und die geheilte Frau, die ich noch ein paar Meter begleite, während Jesus zum Haus des Jaïrus weitergeht. Was möchte ich zu ihr sagen, was möchte ich sie fragen?*

Ein Beispiel aus einer Krankenbehandlung: Frau B. *träumte* nach der Behandlung ihrer bösartigen Bluterkrankung wiederholt von *eingesperrten Vögeln*. In der Psychotherapie mit inneren Bildern (Imagination) gelang es ihr, diesen Nachttraum fortzuführen und die Vögel zu befreien, die sie allmählich als ihre heilenden inneren Begleiter entdeckte. Hilfreich für Frau B. war das Psalmwort: »Unsere Seele ist entronnen *wie ein Vogel* dem Netze des Vogelfängers; das Netz ist zerrissen, und wir sind frei« (Psalm 124,7).

Mit der anderen Tochter in dem gewählten biblischen Heilungsbericht geschieht Ähnliches. Wieder spricht Jesus *den Glauben* an (hier: den Glauben des Vaters). Durch die Begegnung mit Jesus kehrt das *zwölf*jährige Mädchen zum Leben zurück, aber nicht mehr in ihr kindliches Leben, sondern in ihr Frausein. Dies geschieht mit den Worten: »Talita kum – Mädchen, ich sage dir: Steh auf« (Markus 5). Vielleicht dürfen wir aussprechen, was nicht im Text steht: Das *zwölf*jährige Bluten verhinderte das Frausein. Das Bluten der *Zwölf*jährigen, die Menarche, steht am Beginn des Frauseins. Zwölf Jahre lang, während der gesamten Lebenszeit des todkranken Mädchens, konnte die unter Blutungen leidende Frau keine Kinder bekommen. »Zwölf« ist hier offenbar die Zeit des Leidens und Wartens auf die Heilung. Die große Erwartung an den Heiler kann einen Kontakt herstellen. Heilend ist die Beziehung dann, wenn der Hilfsbedürftige selbst den *Glauben*, den inneren Heiler mobilisiert, anstatt passiv abzuwarten. Eine Voraussetzung für dieses Bewusstwerden kann es sein, in Kontakt mit der eigenen Sehnsucht zu kommen.

Wir haben die bewussten und die unbewussten Aspekte der Heilung bisher aus der Perspektive eines Kranken betrachtet, der Heilung sucht. Jeder von uns wird früher oder später krank werden und in die Rolle des Patienten geraten. Nun wollen wir uns einem weiteren Aspekt zuwenden, nämlich der unbewussten Seite des Heilers, seiner Verwundung.

### Übung 12: Die Praxis des Heilers/der Heilerin

*Ich stelle mir für diese Übung eine Störung vor, die schulmedizinisch nicht zu beseitigen ist. Mein Hausarzt teilt mir mit: »Damit werden Sie leben müssen.« Eine Arbeitskollegin empfiehlt mir jedoch einen Heiler/eine Heilerin mit sehr guten Erfolgen auch in schulmedizinisch aussichtslosen Fällen. Ich lasse in meiner Vorstellung nun die »Praxis« des Heilers/der Heilerin auftauchen: Wo gelegen? Wie groß? Welche Farben? Welche Personen? Welche Einrichtung? Welche Therapie-Mittel: Massage, Handauflegung, Medikamente, Infusion, Besprechen usw.?*

*O wie bin ich krätzig und lahm,*
*Selber den Weg zu gehn.*
*An eigener Unrast krank,*
*Muss ich euch leidend sehn.*
*Soll meine, soll deine Wunde genesen vorher?*
*Ich muss uns beiden helfen:*
*Nichts weiß ich mehr.*
*So kommt an mein Krankenbett,*
*Ob gesund oder krank.*
*Nehmet von mir, dem kranken Arzt, den Trank.*

In diesem Gedicht von Jakob Moreno, dem Schöpfer des klassischen Psychodramas[18], wird die Gestalt des verwundeten Heilers deutlich, der nicht aus Macht, sondern aus der eigenen Verwundung heraus heilt. »Nur wo der Arzt selber getroffen ist, wirkt er. ›Nur der Verwundete heilt.‹ Wo aber der Arzt einen Persona-Panzer hat, wirkt er nicht«.[19] »Persona« ist im Sprachgebrauch der Analytischen Psychologie die nach außen gekehrte soziale (Schein-)Persönlichkeit, also etwa der weiße Arztmantel, welcher Fachkompetenz, soziale Rolle und helfende Zuwendung zum Patienten ausdrückt. All diese Dinge sind, neutral gesehen, Erkennungszeichen, negativ gesehen ein »Panzer«, der echte Begegnung verhindert. Sie können zum Wohl des Patienten gebraucht werden, wenn der Arzt gleichzeitig in Tuchfühlung mit seiner unbewussten Seite ist.

Das Christentum hat zwei Gestalten der jüdischen Tradition auf Jesus bezogen: den Sündenbock und den leidenden Gottesknecht. Nach Leviticus 16 wurde bei der Liturgie des Versöhnungstages ein Ziegenbock mit den Sünden des Volkes beladen und »in die Wüste geschickt«. Nach Deuterojesaja wird der leidende Gottesknecht um der Sünden des Volkes willen verwundet: »Durch seine Wunden sind wir geheilt« (Jesaja 53,5/1 Petrus 2,24). *Wirksam* ist also ein *heilender Rollentausch* zwischen dem Heiler, der die Verwundung annimmt, und der »sündigen« Gruppe, die dadurch »heil« wird. Den »wunderbaren Tausch« (lat. admirabile commercium) zwischen dem heilenden Erlöser und dem Menschen bezieht die Tradition der Kirche auf die Menschwerdung, z.B. wenn sie im Gabengebet der Christmette darum bittet, dass wir »deinem Sohn gleich gestaltet werden, in dem unsere menschliche Natur mit deinem göttlichen Wesen vereint ist«. In seiner Enzyklika »Dives in misericordia« (1980) schrieb Papst Johannes Paul II., das Kreuz Christi auf Golgota stehe am Weg jenes admirabile commercium.[20]

Christus der Arzt wurde in der christlichen Antike als der neue Asklepios aufgefasst. Deshalb sei hier an die Bedeutung der *Wunde* im Umkreis der Asklepiossagen erinnert. Asklepios, der zunächst sterbliche Arzt, galt als Sohn Apolls und der Nymphe Koronis. Koronis wird von Apoll wegen Untreue mit dem Tod bestraft, doch rettet Apoll seinen Sohn im letzten Augenblick durch Kaiserschnitt. Apoll gibt ihn einem sehr merkwürdigen Ziehvater in Pflege, der halb Pferd, halb Mensch ist: dem Kentaur Cheiron. Cheiron hat eine Wunde, die nicht heilen kann, eine Verletzung, die ihm Herakles beigebracht hatte. Damit versucht er fertigzuwerden, indem er kranke Menschen heilt. Cheiron ist also der verwundete Arzt. Die aus eigener Verwundung gewonnene Heilkunde gibt er an seinen Pflegesohn Asklepios weiter. Wir haben diesen Aspekt der Heilkunde bereits als »to cure« kennengelernt, als das ›exorzistische‹ Beseitigen von Krankheit. Der Kentaur Cheiron steht aber auch für den anderen Aspekt des Heilens (»to heal«), das annehmende ›adorzistische‹ Heilen. Cheirons Wunde heilt nämlich, als er auf Unsterblichkeit verzichtet und einen menschlichen Tod stirbt.[21]

Die folgende Übung geht davon aus, dass Wunder zunächst von einem mächtigen Heiler erwartet werden. In der Überraschung durch die Frage dieses vorgestellten Heilers liegt heilende Kraft.

Übung 13: Zauberfrage nach de Shazer

*Ich wähle ein störendes Symptom, eine Behinderung oder eine Beeinträchtigung aus, unter der ich leide. In meiner Vorstellung gehe ich mit dieser Beschwerde zu einem Wunderheiler, der über einen Zauberstab verfügt, mit welchem er mich im Handumdrehen heilen kann. Der Wunderheiler bittet mich, drei Dinge zu nennen, die ich am Morgen nach der Wunderheilung ändern will.*

Durch die Zauberfrage wird ein leidender Mensch, der alles von einem mächtigen Heiler erwartet, zunächst mit seinen eigenen Erwartungen konfrontiert. Die Frage überrascht. Zusätzlich bereitet sie auf die Heilung vor, also auf einen Zustand, der durch Leiden und Passivität in weite Ferne gerückt war. Plötzlich entdeckt der Leidende Heilungsressourcen in seinem Inneren. Dies kann dadurch angebahnt werden, dass ein Arzt oder Psychotherapeut *nicht* den Zauberstab schwingt, sondern diese überraschende Frage stellt.

Im biblischen Vokabular ist Heilung häufig mit (kollektiver) Sünde und mit Vergebung verknüpft. Für das Weltbild der Alten war dies selbstverständlich. Uns Heutigen fällt dies schwer; wir brauchen vermittelnde und ergänzende Symbolgestalten der Heilung. Ich möchte deshalb vorschlagen, mit Heinrich Racker[22] vom unbewussten »inneren Saboteur« zu sprechen, d.h. von einer Tendenz im Patienten, die nicht gesund werden will und destruktiv gegen die Heilung kämpft. Der äußere Arzt oder Psychotherapeut muss versuchen, den inneren Saboteur ebenso wie den inneren Heiler an einen Tisch zu bekommen, damit »ausgehandelt« werden kann, ob, wann und wie lange Heilung möglich ist. Diese therapeutische Konferenz (G. Leutz) möchte ich zusammenfassend an dem folgenden Schema verdeutlichen:

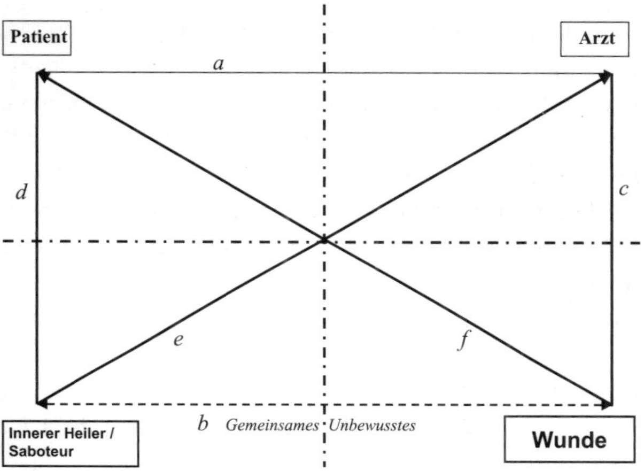


Die Linie *a* bildet die üblichen Arzt-Patienten-Beziehungen ab. Dem Patienten »fehlt etwas«. Er sucht Hilfe beim Arzt, sucht also den bewussten Kontakt. Beiden ist nicht bewusst, was »hinter ihrem Rücken« geschieht. Auch in tief gehenden psychoanalytischen Prozessen bleibt die Dimension des Gemeinsamen Unbewussten *(b)* letztlich im Dunkel: was beide zusammenführt und was ihre *gemeinsame* Suche ausmacht, über den Rollenunterschied zwischen einer kranken und einer heilenden Person hinaus. Wichtig wird es hingegen bei Heilungsprozessen, die diesen Namen verdienen, wo nämlich die intra-personelle Spaltung (horizontale gestrichelte Linie) überwunden wird, indem beide, Patient und Arzt, Kontakt zu ihrer unbewussten Seite bekommen. Für den Arzt heißt dies, in Kontakt mit dem eigenen *verwundeten und verwundenden* Schatten zu kommen *(c),* anstatt den Schatten nur als Kunstfehler, Burning-out oder Scheitern zu vermeiden. Diese genannten bewussten Anstrengungen müssen zwar vom Arzt im eigenen Interesse und im Interesse des Patienten erwartet werden. Die eigentliche Heilung wird jedoch erst durch die Bewegung *c* möglich, z.B. durch Supervision, eigene Lebens- und Krankheitserfahrung oder Lehranalyse. Selten muss und wird der Arzt mit seinem Patienten über diesen Aspekt sprechen; entscheidend ist die eigene Einstellung.

Für den *Kranken* gilt: Erst der Kontakt mit der eigenen destruktiven Seite und mit den eigenen Ressourcen *(d),* z.B. durch Träume sowie durch das Zeithaben für die Wahrnehmung innerer Prozesse, macht Heilung möglich. Über die intra-psychische Spaltung (innerhalb der Heilung suchenden Person, horizontale gestrichelte Linie) hinaus gibt es auch eine interpersonale, d.h. eine Spaltung zwischen Arzt und Patient (vertikale gestrichelte Linie). Der Patient projiziert zu Beginn seine Heilungschancen (vielleicht auch das Destruktive, Blockierende) auf den Arzt *(e)* und fühlt sich selbst nur krank, hilflos und mickrig. Umgekehrt sieht sich der Arzt nur als stark, wirkungsvoll, kompetent, und er projiziert die eigene Wunde auf den Patienten *(f).* Die Überwindung dieser Spaltung geschieht, wenn beide ihre Projektionen zurücknehmen und die unbewussten Ressourcen an der therapeutischen Konferenz teilnehmen lassen. Dies spiegelt sich in modernen Konzepten der Entscheidungsfindung, gerade im Bereich chronischer Erkrankungen: Anstatt für den Patienten zu entscheiden (Paternalismus), wird die Entscheidung heute zunehmend mit dem aufgeklärten Patienten geteilt (*shared decision*).

Der Begriff der »Rolle« wird in der Medizinsoziologie seit einigen Jahrzehnten für die äußere Beschreibung der Arzt-Patienten-Beziehung verwendet. So kann erfasst werden, wie ein bisher gesunder Mensch Verhaltensweisen lernt, die ihn zum Patienten machen: Klagen, Suche nach Hilfe, Unterwerfung unter die Autorität von Ärzten, Schwestern und Krankenhausverwaltung. Ebenso erfasst der medizinsoziologische Rollenbegriff den Lernprozess des Medizinstudenten auf dem Weg zum »fertigen« Arzt im charakteristischen weißen Kittel, mit dem die Arztrolle als soziale Maske (persona) »angezogen« wird.

Jakob Levy Moreno, Arzt und Schöpfer des klassischen Psychodramas, gab dem Rollenkonzept einen am spielenden Menschen abgelesenen, kommunikativen Inhalt. Moreno fasste den Menschen als von Anfang an bezogenes, interaktives Wesen auf. Ihm zufolge entwickelt sich der Mensch aus dem spontanen *Rollenspiel.* Nicht das Selbst ist primär, sondern die Rollen, in die wir hineinwachsen und aus denen unser Selbst hervorgeht. Mit dem Begriff der Rolle sind alle unsere Erlebens- und Verhaltensmöglichkeiten gemeint, nicht nur die bewusst übernommenen, sondern auch die durch Krankheit oder Behinderung mehr erlittenen als gewählten »psychosomatischen« Rollen. Eine Rolle kann Leiden verursachen, wenn sie starr und unveränderbar ist, medizinisch gesprochen: ein Symptom. Z.B. können ängstliche Verhaltensweisen als Rolle aufgefasst werden, die der Betroffene »loswerden« möchte. Im Psychodrama kann er nun aufgefordert werden, die Rolle des ›Angsthasen‹ nicht etwa zu vermeiden, sondern möglichst perfekt zu spielen, alle situativen Rahmenbedingungen zu inszenieren und sich so als Handelnder zu erleben. Die altbekannte und doch neu gespürte Rolle kann durch das kreative Handeln aufgegeben, durch eine neue aus dem eigenen Rollenrepertoire (*Rollenwech-*

*sel*) oder durch eine fremde (*Rollentausch*) ersetzt werden. So wird probeweise die alte, krank machende Rolle verlassen und die neue, heilende übernommen. Was in diesem Kapitel am Beispiel der äußeren Arzt-Patienten-Beziehung über die Ressource des inneren Heilers gesagt wurde, gilt auch für andere helfende Beziehungen. Wer als Seelsorger, Begleiter, Berater arbeitet, muss damit rechnen, Projektionen auf sich zu ziehen, wodurch der Prozess der Heilung zunächst behindert wird. Die Arbeit an eigenen unbewussten Aspekten, z.B. durch Supervision, Achten auf eigene Träume, Respektieren von Grenzen, hilft der helfenden *und* der Hilfe suchenden Person.

ÜBUNG 14: WAHRNEHMEN EIGENER SCHATTENASPEKTE

*Ich überlege, über wen ich mich in den letzten Tagen geärgert habe/wer mich »nervt«, und ich notiere fünf bis zehn Eigenschaften dieser Person. Erst nach Abschluss der Liste prüfe ich, welche dieser Eigenschaften bei mir selbst vorliegen (eigene Schattenaspekte). Hilfreich können hier frühere Konflikte bzw. Vorwürfe und Kritik anderer sein, die ich (zunächst) nicht akzeptieren konnte.*

# 5. Aussatz und Besessenheit – Heilung von sozialer Krankheit

Krankheit hat eine soziale Dimension. An den biblischen Beispielen wurde das schon deutlich: Die Blutung macht eine Frau im jüdischen Kontext unrein und schließt sie vom Kontakt aus, bis diese Reinheit wiederhergestellt ist: rituell durch das vorgeschriebene Bad oder, in unserem neutestamentlichen Beispiel, durch einen *heilsamen Tabubruch*. Versöhnung und kollektive Heilung im Fall des Sündenbocks und des Gottesknechtes gehen alle an.

Auf den ersten Blick wirken diese Vorstellungen archaisch und überholt. Doch zeigt auch die europäische Medizin- und Sozialgeschichte die gesellschaftliche Seite von Krankheiten. Es waren vor allem Infektionskrankheiten, die ganze Epochen prägten und prägen: die Pest, die Syphilis, die Tuberkulose, AIDS. Die gegenüber den Erkrankten eingehaltene Distanz bzw. das Tabu der Berührung geht deutlich über rational zu begründende Vorsichtsmaßnahmen hinaus. Dieses Tabu ächtet auch in unserer Zeit Kranke und schließt sie aus dem sozialen Kontakt aus, manchmal aufgrund medizinisch unhaltbarer Ansteckungs-Ängste, wie etwa im Fall krebskranker Mitmenschen.[23]

ÜBUNG 15: AUSSCHLUSS MACHT KRANK

*Ich erinnere mich an eine Situation, in der ich selbst oder eine nahe Bezugsperson unter einem solchen Ausschluss zu leiden hatte. Wie kam es dazu? Wie verhielt ich mich?*

Im biblischen Kontext sind es besonders zwei Störungen, die krank machen und sozial deklassieren: Aussatz und Besessenheit. *Aussatz* ist nicht mit Lepra im modernen medizinischen Sinn identisch. Jegliche Hautveränderung, die von den Priestern, den für Reinheit und Unreinheit Zuständigen, als solche diagnostiziert wird, führt zum Ausschluss aus der menschlichen Gemeinschaft und zur Unberührbarkeit. Deshalb fordert Jesus von ihm geheilte Aussätzige auf, sich den Priestern zu zeigen; diese sollen die geschehene Heilung sozial dokumentieren und sanktionieren und den Ausschluss rückgängig machen. Auch schimmelige Häuser werden als »aussätzig« gesehen und bedürfen der Heilung (Leviticus 14,34ff.).

*Besessenheit* wird im neuen Testament auf »Dämonen« (F. Stier übersetzt »Abergeister«) zurückgeführt, die nicht eigentlich teuflisch-böse sind, sondern Unordnung stiften und eine Macht über die Betroffenen ausüben, die mit der heilenden Macht Jesu in Konkurrenz tritt. Besessenheit lässt sich teilweise mit modernen neuro-psychiatrischen Krankheitsbildern wie Epilepsie, Mutismus, halluzinatorischer Psychose in Verbindung bringen, doch sind solche Zuordnungen nie ganz sicher, da die gesellschaftlichen und kulturellen Kontexte zu verschieden sind. Eines ist jedoch deutlich: Sowohl Aussätzige als auch Besessene sind Ausgeschlossene, ihre »Krankheit« geht über das individuelle psychische oder körperliche Leiden hinaus und umfasst die Weise des sozialen Miteinanders. Dafür ist es unerheblich, ob zuerst eine körperliche oder geistige Behinderung, eine sozial stigmatisierende Krankheit kommt und dann die Ächtung, oder ob jemand krank wird, *weil* er/sie sozial ausgeschlossen ist. Umgekehrt gilt: Heilung sprengt die Vereinzelung auf und schafft neue Beziehungschancen. Oder einfacher: Heilung heißt, offen für Begegnung zu werden.

**Übung 16: Erinnerung an eigene Krankheiten**

*Ich erinnere mich an eine eigene Krankheit, vielleicht an einen Krankenhausaufenthalt. Wenn es mehrere sind, wähle ich einen aus. Wer besuchte mich? Was machte mir Freude? Was störte mich? Was half mir?*

Krankheit macht einsam. Vielleicht wird aus diesem Grund auch Heilung meistens individuell verstanden. Jedoch gilt nicht nur für Gesundheitspolitik und Sozialmedizin: Die Lebenszusammenhänge müssen für das Kranksein ebenso berücksichtigt werden wie für das Gesundbleiben und Gesundwerden. Krank machende Umstände sind oft kollektiv. Sie wirken sich auf viele Menschen gleichzeitig aus, machen sie zu »Leidensgenossen« und behindern die persönliche Entwicklung. Sich dieser kollektiven Not zu stellen heißt auch, dass Einzelne wieder Entwicklungschancen bekommen (Individuation in der Solidarität mit anderen, deren Schicksal ich teile). Kollektiv krank machende oder sogar traumatisierende Umstände, z.B. Krieg, Terror, Hunger oder Flüchtlingselend, betreffen vor allem Kinder. Traumatisierung ist im Kindesalter besonders häufig, weil die erwachsenen Bewältigungsmöglichkeiten oder der Schutz durch Sicherheit vermittelnde Bezugspersonen fehlen. Unser Wissen über die psychotherapeutische Behandlung von traumatisierten Menschen hat in den letzten Jahren zugenommen. Wo Menschen diskriminiert oder, etwa bei einer Geiselnahme oder einem sozialen Konflikt, in Gruppen gezwungen werden, wird Traumatisierung zum sozialen Phänomen. Es sind daher auch Strategien entstanden, insbesondere Gruppenmethoden, um auf die gleichzeitige Traumatisierung einer Vielzahl von Menschen besser reagieren zu können.

ÜBUNG 17: TRAUMATISIERUNG AM FRÜHSTÜCKSTISCH

*Vielleicht habe ich die Gewohnheit, beim Frühstück einen Blick in die Zeitung zu werfen, oder ich kann mich in diese Gewohnheit hineinversetzen. Welche Berichte über Traumatisierungen anderer Menschen habe ich heute gelesen? Wie waren meine Reaktionen? Wie habe ich diese Berichte »abgespeichert« oder »verarbeitet«?*

Heilung betrifft also nicht nur das Individuum, sondern auch seine Lebensumstände und sein soziales Umfeld. Sie hat weltpolitisch, gesellschaftlich und familiär eine soziale Seite, die im medizinischen Modell oft unterschätzt wird.
Von Traumatisierung spricht man, wenn bei einer außergewöhnlichen Belastung die eigenen Bewältigungsmöglichkeiten erschöpft sind und Angst- oder Wutreaktionen gewissermaßen überfordert sind. Die Betroffenen können weder weglaufen noch sich wehren, sie sind auch nicht in der Lage, derartige Reaktionen zu ›verlernen‹. Vielmehr kann es sein, dass sie lange Zeit unter Albträumen und sich aufdrängenden, schrecklichen inneren Bildern leiden. Sie benötigen dann sachkundige psychotherapeutische Hilfe, vor allem einen sicheren Lebensrahmen, in dem sie wieder zur Ruhe kommen können. Sie brauchen auch die Anerkennung und Unterstützung ihrer Mitmenschen, um sich zu erholen.

Übung 18: Unvorhergesehener Krankenhaus-Aufenthalt

*Wegen starker Unterbauchbeschwerden musste ich plötzlich von der Arbeit weg ins Krankenhaus und noch am selben Tag am Blinddarm operiert werden. Wer hat mir ein paar Sachen in die Klinik gebracht? Die Wundheilung nach der Blinddarmoperation verzögert sich, ich muss einige Wochen im Krankenhaus bleiben. Welche Unterstützungsangebote sind hilfreich, welche belastend? Welche Unterstützung wünsche ich mir? Wer ist zu benachrichtigen? Wer soll kommen?*

Zunehmend wird die Rolle der Angehörigen und deren eigene Hilfsbedürftigkeit gesehen. Soziale Unterstützung durch Partner(in), Angehörige oder Freunde kann schaden, wenn sie z.B. die Bewältigungsversuche des Patienten kritisiert, emotionalen Druck ausübt oder als kalt und mechanistisch erlebt wird. In einer kürzlich an der Universität München durchgeführten Studie konnte belegt werden, dass problematische Formen der sozialen Unterstützung, auch wenn sie »gut gemeint« sind, mit einem erhöhten Todesrisiko in der Erholung von einer Krebsbehandlung einhergehen.[24] Die Helfer brauchen also Unterstützung, um herauszufinden, was wirklich hilfreich ist. Kirchliche Gemeinschaften stellen ein wichtiges Netz sozialer Unterstützung dar, das hierzulande wegen der Professionalisierung sozialer Dienste weniger stark beachtet wird als etwa in den USA. Häufig entsteht die soziale Isolierung durch die Scheu der Gesunden, auf einen kranken Freund oder Bekannten zuzugehen. Da kann es helfen, sich mit den eigenen Wünschen und Bedürfnissen zu beschäftigen. Auch Selbsthilfegruppen dienen dem Zweck, den inneren Heiler zu mobilisieren und Heilungs-Ressourcen zu aktivieren. Die bekannteste ist die weltweite Selbsthilfebewegung der »Anonymen Alkoholiker«, die mit erstaunlichen Erfolgen aufwarten kann. Inzwischen gibt es Selbsthilfe-Gruppen für die meisten chronischen Krankheiten, sowohl für die Betroffenen als auch für deren Angehörige.

# 6. Zeige deine Wunde

»Liebe dein Symptom wie dich selbst«, formuliert S. Žižek in Abwandlung des biblischen Gebotes der Nächsten- und Selbstliebe.[25] Das Symptom, gleichgültig ob ein Hautausschlag, ein Kopfschmerz oder eine depressive Verstimmung, schiebt sich in den Mittelpunkt des Lebens, das es beeinträchtigt. Es wird beobachtet, kann sich dadurch verstärken, wird mit eigenen Theorien erklärt, beschwichtigt, vielleicht behandelt. Aber *geliebt* wird es nicht. In der gängigen Einstellung zur Heilung wird das Symptom schamhaft verborgen oder nur dem Arzt gezeigt, der es beseitigen soll. Es gibt Symptome, die uns ein Leben lang begleiten und die auch für andere sichtbar sind wie das Hinken des Ignatius oder die von den Eltern durchbohrten Fersen des mythischen Königssohns Ödipus von Theben, der nach dem Symptom benannt ist (*oidipus*: Schwellfuß).

Von einem derartigen Symptom träumte auch ein 35-jähriger Pilot während seiner psychoanalytischen Behandlung: »Mit meiner Familie im Garten. Wir spielen was, Ringelreihen oder so was, etwas Kindisches. Meine Schwester schreit, wird gestochen, ihr Fuß wird immer dicker. Meine Mutter will den Fuß abschneiden. Ich mach mich vom Acker, wähle komischerweise die amerikanische Notrufnummer 911.«

Wie jeder Traum lässt sich auch der vorliegende, den mir der Träumer freundlicherweise zur Verfügung stellte, nur im Rahmen der Lebensumstände, der aktuellen Situation und mit Hilfe der Einfälle der träumenden Person verstehen. Individuelle Details können hier aus Diskretionsgründen nicht berichtet werden. Die Bildsprache des Traumes bedient sich jedoch kollektiver (archetypischer) Symbole, die für unser Thema wichtig sind: Der *geschwollene Fuß* ist das Symptom, das den Träumer beschäftigt. Er bezieht es nicht auf sich selbst, sondern auf die Schwester, während er selbst sich im Traum *vom Acker macht*, d.h. flüchtet, um Hilfe zu holen. Hingegen erlebt er an der Mutter den Versuch, das Problem durch Amputation des betroffenen Fußes zu lösen. *Komischerweise* wählt er *die amerikanische Notrufnummer 911*. Erst im Verlauf der Analysestunde wird ihm klar, dass die auffällige Nummer für den 11. September 2001 (amerikanisch: 9/11) stehen könnte. Er erinnert sich an die Flüge jenes Tages, an die Nachrichten aus New York, an die eigene Hilflosigkeit, an die seiner Kollegen, ja: an die Hilflosigkeit der ganzen Welt angesichts einer traumatischen Erfahrung.

Übung 19: Aktuelle Beschwerden

*Ich bereite Papier und Bleistift vor und überlege einen Moment, unter welchen vorübergehenden Beschwerden (Symptomen) ich in der letzten Zeit gelitten habe, z.B. Schnupfen oder Halsweh, Erröten, Druckgefühl im Oberbauch. Ich tausche nun innerlich die Rolle mit diesem Symptom bzw. Organ, so dass ich in der Ich-Form (in der Rolle des Symptoms/Organs) an mich selbst einen Brief mit dem Thema schreibe: »Was ich dir schon seit einiger Zeit sagen möchte …«*

Das Symptom kann stören und bis zur Verzweiflung belasten. Und doch sollte es gerade nicht beseitigt werden, solange es seine Rolle im Rahmen der seelischen Ganzheit spielt: »Das Krankhafte kann nicht einfach wie ein Fremdkörper beseitigt werden, ohne dass man Gefahr läuft, zugleich etwas Wesentliches, das auch leben sollte, zu zerstören. Unsere Aufgabe besteht nicht darin, es zu vernichten, sondern wir sollten vielmehr das, was wachsen will, hegen und pflegen, bis es schließlich seine Rolle in der Ganzheit der Seele spielen kann« (Jung, GW 16, § 293). Das gilt zunächst für psychische Krankheiten. Bei vielen körperlichen Krankheiten muss man erst einmal die Symptome bekämpfen, um wieder atmen zu können, oder sogar, um das Überleben zu sichern. Es gibt Störungen, die medizinisch als »harmlos« gelten, und andere, die mit hoher Wahrscheinlichkeit gefährlich sind. Häufig jedoch weiß der/die Betroffene nicht, woher die Beschwerden kommen und wie ernst sie sind. Wer an sich ein neues Symptom entdeckt, fragt sich, was nun zu tun ist. Auch die Umgebung, die Bezugspersonen eines Symptomträgers werden in diese Fragen einbezogen: Was ist das? Woher kommt das? Wer weiß, was man da tun kann ...?

Übung 20: Mitteilung über ein neues Krankheitssymptom

*Mein Arbeitskollege Werner R. berichtet, in »Stress-Situationen« einen sehr störenden, juckenden Hautausschlag des gesamten rechten Armes zu bekommen. Wozu rate ich ihm?*

Das psychoanalytische Denken führte zu einer Neubewertung des Symptoms als einer Ichleistung. Dies betrifft zunächst das Leiden neurotischer Menschen unter ihren Beschwerden. Indem Freud und seine Nachfolger unseren Blick auf die »Psychopathologie des Alltagslebens« lenkten, wurde nicht nur die Anfälligkeit des normalen, gesunden Seelenlebens für die Neurose deutlich. Vielmehr lassen sich aus dem neurotischen Leiden auch Entwicklungschancen auf die Lebensgestaltung des gesunden Menschen übertragen. Neurotische Beschwerden sind auf den ersten Blick lästig, quälend und sinnlos. Die Psychoanalyse hilft bei der Annäherung an den *Sinn* von Symptomen, die als Kompromiss zwischen widerstrebenden inneren Tendenzen des Patienten gedeutet werden, z.B. als Ausdruck des Konfliktes zwischen inneren Wünschen und Verboten. Als Psychoanalytiker wissen wir, dass die Heiler-Übertragung manchmal Symptome über Nacht zum Verschwinden bringt (die dann häufig durch neue Symptome ersetzt werden), dass manche sogar lieber in die ›Gesundheit‹ der Symptom-Heilung flüchten, als sich dem mühseligen Weg der Individuation und der Auseinandersetzung mit dem Unbewussten zu öffnen.

In der Neurose verursacht das Symptom zwar Leiden, indem es einen unbewussten Konflikt ausdrückt. Zwar stehen die gegensätzlichen Bestrebungen eines Menschen unversöhnt nebeneinander. Trotz des von der Neurose verursachten Leidens stellt die Symptomatik jedoch auch einen Entwicklungswunsch dar, häufig enthält sie in verschlüsselter und erstarrter Form das Lebensproblem *und* Ansätze der Lösung. Die Entwicklung einer Angst, einer Gereiztheit oder auch eines körperlichen Symptoms löst diese Spannung zwar nicht, bringt sie aber zum Ausdruck und führt oft zu einem Behandlungswunsch. Beispielsweise kann eine Schmerzsymptomatik als unbewusstes Strafbedürfnis bei nicht akzeptierten Wünschen nach Aggression oder Sexualität aufgefasst werden. Oder das Symptom »chronische Bauchschmerzen«

steht für ein Gefühl, das nicht oder nicht mehr gespürt werden kann. In psychoanalytischer Sicht ist das Symptom zwar keine wirkliche Weiterentwicklung, es bleibt von ungelösten kindlichen Komplexen bestimmt. Aber indem es das Problem *darstellt*, ist es zugleich ein erster Schritt zu dessen Lösung. Das Symptom ist absurd und schmerzlich, aber es kann sich zu einem Symbol wandeln, das biografische Bedeutung gewinnt und dadurch heilsam wird. Das Leiden an Symptomen wie Schmerzen, diffuser und ängstlicher Unsicherheit, Übelkeit usw. stellt eine »giftige« Absurdität dar, die im Halt gebenden Rahmen einer psychotherapeutischen Beziehung »entgiftet« werden kann. Für diese enthaltende, ein Gefäß bereitstellende Funktion der Psychotherapie hat der Psychoanalytiker W. R. Bion den Begriff *containment* geprägt. Psychotherapie ist ein »Gefäß der Hoffnung«, das in einer Beziehung zwischen zwei Menschen besteht und offen ist für das Dritte, das Unbekannte[26] (Bion: »faith in O«[27]), für die Transzendenz. In der Sprache der Psalmen: »Zähle die Tage meiner Flucht, sammle meine Tränen in deinen Krug; ohne Zweifel, du zählst sie« (Psalm 56,9). Gute Psychotherapie, Seelsorge und Begleitung ist demnach nicht nur und nicht in erster Linie lösungsorientiert. Sie versucht, das »Giftige« zunächst aufzugreifen und auszuhalten, und gleicht darin Eltern, die sich ihrem schreienden Baby zuwenden. Sie wissen zunächst noch nicht, warum es schreit: Hunger und Durst, Blähungen, Schmerzen, Angst, volle Windeln ... Bevor sie in der einen oder anderen Hinsicht »Abhilfe schaffen«, werden sie helfen, indem sie angemessen und einfühlsam auf den Spannungszustand des Kindes reagieren. Das Kind macht so die grundlegende Erfahrung, dass sich Anspannung und Stress in Entspannung, Sicherheit, Vertrauen wandeln und dadurch »entgiften« können. Der häufig unbestimmte Wunsch nach Wandlung spielt oft eine große Rolle bei der Suche nach alternativ-medizinischen oder psychotherapeutischen Behandlungen.

### Übung 21: Entscheidung für eine psychotherapeutische oder alternativmedizinische Behandlung

*Bitte führen Sie die beiden folgenden Sätze zu Ende oder verändern Sie sie:*

*a) Um eine psychotherapeutische Behandlung würde ich mich bemühen, wenn …*

*b) Eine alternativmedizinische Behandlung würde ich in Anspruch nehmen, wenn …*

»Zeige deine Wunde« – so lautet der Titel einer Installation von Joseph Beuys im Münchener Lenbachhaus. Zu sehen sind Gegenstände des Todes, des Vergessens, der Vergänglichkeit, die zunächst absurd und auch abstoßend wirken. Sozial gesehen handelt es sich um Symptome, im künstlerischen Ausdruck sind es Symbole der Wandlung. Die Leichenbahren und die anderen Gegenstände sind *doppelt*, was den absurden Charakter unterstreicht, vielleicht aber auch ansatzweise Solidarität und Überwindung der Einsamkeit darstellt. »Zeige deine Wunde« steht mit Kreide wie von Kinderhand auf den beiden Schiefertafeln geschrieben. Dieses Motto ist noch keine Lösung aus Absurdität und Todverfallenheit, aber es fordert zu einer Wende auf: nicht mehr Verbergen und Beseitigen dessen, was schmerzt, sondern nach dessen Ausdruck suchen, damit die Wunde sich verwandeln kann. Die Aufforderung, die Wunde zu zeigen, ist paradox: Sie

läuft der üblichen Tendenz des Verbergenwollens entgegen und konfrontiert die Betrachter mit ihrem Spiegelbild: mit Kränkungen, die in bestimmten Beziehungskonstellationen immer wieder aufbrechen, mit dem Neid auf andere, die schöner, erfolgreicher oder gesünder sind als sie selbst, mit ihrer sexuellen Identität, mit ihren Idealen, denen sie *hinterherhinken.*
»Zeige deine Wunde«: Dieses Motto könnte man auch über die vielen Darstellungen des heiligen Rochus schreiben. Dieser Heilige zeigt mit der Hand auf die Pestbeule am Oberschenkel, die doch damals jeder zu verbergen trachtete. Rochus ist der pestkranke Heilige und der Heilige der Pestkranken. Scham ist schützenswert und schützt uns, gerade wenn wir uns in der Krankheit schwach, schutzlos, angreifbar, hilflos fühlen. Wie Hiob wollen wir uns vor Kommentaren (vermeintlicher) Freunde schützen. Andererseits kann falsche Scham zur Verschleppung von Krankheiten führen, aus Scheu, sie jemandem zu zeigen, und sei es einem Arzt. Trotz allem scheint also das Zeigen der Wunde den ersten Schritt zur Heilung darzustellen.
»Zeige deine Wunde«: Die Pestbeule des hl. Rochus *bleibt*, wie schon die unheilbare Wunde des Kentauren Cheiron, der Asklepios in die ärztliche Kunst einführte. Wie ist Heilung angesichts unheilbarer Wunden möglich? Unheilbare Wunden, die nicht schamhaft verborgen, sondern geradezu schamlos »gezeigt«, zur Schau gestellt werden, spiegeln wider: Heilung als Abschaffung aller Wunden gibt es nicht. Es ist faszinierend zu beobachten, wie unsere gesunde Haut eine Schnitt- oder Schürfwunde »von selbst« verschließt, oft ohne chirurgische Mithilfe, und wie die Wunde narbenlos heilt. Körperlich und seelisch tragen wir Ressourcen der Heilung in uns. Wir müssen uns je-

doch dem Prozess der Heilung überlassen. Insofern trifft das Sprichwort zu: Die Zeit heilt alle Wunden. Im Kontext unseres Themas geht es jedoch um die Wunde, die *nicht heilt,* was wir sowohl an Cheiron als auch an Rochus sehen.

Die Erfolgsstory der Heilung möchte solche Wunden nicht wahrhaben. Sie sollen entweder durch einen mächtigen Heiler beseitigt werden, vielleicht indem er eine Wunderheilung bewirkt. Oder der Begriff der Heilung wird auf solche Geschichten eingeschränkt, die mit einem *Happyend* ausgehen.

Beide Vorstellungen von Heilung sind illusionär. Von »Wunderheilung« wird gern gesprochen, wenn die Schulmedizin mit ihrem Latein am Ende ist, den Patienten möglicherweise schon mehrfach »umgedreht« hat und nun der Tod zu seinen Füßen erschienen ist. Dann sollen alternative Methoden helfen, um das Ruder herumzureißen. Das eigentliche Wunder besteht jedoch nicht in den wenigen Fällen jener Lourdes-Wallfahrer, denen eine kirchliche Ärztekommission »medizinisch nicht erklärbare Heilung« bescheinigt. Vielmehr besteht das Wunder darin, dass der Kranke in neuer Weise seine Unheilbarkeit annimmt, in Lourdes und anderswo. Die Motive, nach Lourdes zu pilgern, können unterschiedlich sein: eine Krankheit »loswerden« oder besser mit ihr leben können, nach dem Sinn der Krankheit suchen, die Gemeinschaft anderer betender Menschen erleben. *Wunder*bar kann es sein, wenn sich überraschenderweise ein Sinn im eigenen Leiden zeigt, wenn Krankheit und Behinderung zwar nicht beseitigt werden – solche ›Wirkungen‹ einer Lourdes-Fahrt sind sehr selten –, aber besser verarbeitet werden.

Der gläubige Mensch lebt diese Annahme der Unheilbarkeit in der Haltung des Gebetes, das Klage und Dank, Widerstand und Ergebung umfasst.[28] Psychoanalytisch gesprochen, geht es um die Triangulierung, um die Offenheit einer Zweierbeziehung für ein Drittes, Überraschendes.[29] Zweierbeziehungen können steril werden, wenn sich beide Partner gegenüber der Welt abkapseln. Dies kann in einer Liebesbeziehung der Fall sein, aber auch zwischen Arzt und Patient und zwischen Patient und Krankheit/Symptom/Leiden. Die Vereinsamung im Leid schafft zusätzliches Leid und engt den Horizont des Lebens ein.

Übung 22: Wallfahrt nach Frauenchiemsee

*Wir wünschen uns ein Kind. Die reproduktionsmedizinische Untersuchung hat ergeben, dass wir beide dazu nicht in der Lage sind. Wir haben gehört, dass auf der Fraueninsel kinderlose Paare zu der als Selige verehrten Äbtissin Irmengard beten. Wir fahren zum Chiemsee und zünden eine Kerze vor Irmengards Grab an. Wir lesen die Täfelchen, die dort zum Dank für Irmengards Hilfe angebracht wurden. Wir finden dort ein Buch, in das tagtäglich Wünsche, Bitten und Sehnsüchte notiert werden. Was schreiben wir hinein?*

Sogar angesichts des Todes kann es sinnvoll sein, von Heilung zu sprechen, wenn das Leben insgesamt mit S. Kierkegaard als »Krankheit zum Tode« angenommen wird. Für diese Neubesinnung auf geänderte Ziele, auf Hoffnung und Sinn, die mitten in der Absurdität entdeckt werden, hat sich der Begriff der »spirituellen Krankheitsverarbeitung« eingebürgert.[30] In deren Zentrum steht eine Neubestimmung von Maßstäben, Zielen und Inhalten der Heilung, die der oder die Kranke selbst vornimmt. Solange das Leben expandiert, mag es notwendig und heilsam sein, *gegen* Krankheiten und Symptome zu kämpfen. Jetzt, an der Grenze des medizinisch und therapeutisch Machbaren, geht es um die Akzeptanz der unheilbaren, unser ganzes Leben lang offen bleibenden Wunde des Sterbenmüssens.

ÜBUNG 23: DIE EIGENE TODESSTUNDE

*Ich stelle mir vor, dass ich nur noch einen Tag zu leben habe und dass ich einige vertraute Personen um mein Krankenbett versammle. Was möchte ich gern besprechen, was hören? Gibt es ein Gebet, das ich jetzt hören oder sprechen möchte?*

»Ein jegliches hat seine Zeit, und alles Vorhaben unter dem Himmel hat seine Stunde: Geborenwerden hat seine Zeit, Sterben hat seine Zeit; Pflanzen hat seine Zeit, Ausreißen, was gepflanzt ist, hat seine Zeit; Töten hat seine Zeit, Heilen hat seine Zeit« (Kohelet 3,1–3). Oder mit Ignatius von Loyola: »Wir sollen also nicht unsererseits mehr wollen: Gesundheit als Krankheit, Reichtum als Armut, Ehre als Ehrlosigkeit, langes Leben als kurzes; und genauso folglich in allem sonst, indem wir allein wünschen und wählen, was uns mehr zu dem Ziel hinführt, zu dem wir geschaffen sind« (Geistliche Übungen 23).

Dem großen Ziel der Heilung setzt die biblische Tradition Realismus, gelegentlich Ironie gegenüber. Paulus schreibt: »Wo ist, o Tod, dein Stachel? Wo ist, o Tod, dein Sieg?« (1 Korinther 15,55). Das Heilungsstreben des Menschen wird bejaht, ja zum Vergleich mit dem Handeln des göttlichen Arztes herangezogen: »Ich bin der HERR, dein Arzt« (Exodus 15,26).

Alle menschlichen Heilungsziele werden jedoch nur als vorletzte gesehen. Denn das Heil des Menschen ist größer als die Heilung.

# Epilog: Wenn Ihnen der hinkende Ignatius heute begegnete ...

Kehren wir zu Ignatius zurück. Ausgerechnet ein »Besessener aus Padua« kennzeichnet Ignatius mit den lobenden Worten: »Ein Spanierlein, klein, etwas hinkend, mit fröhlichen Augen« (vgl. da Câmara, Memoriale Nr. 180). Welche inneren und äußeren Kräfte haben diesem Spanierlein geholfen, die Leiden des Krankenlagers nach der Schlacht von Pamplona und außerdem die lebenslangen Beschwerden durch Steine in mehreren inneren Organen spirituell und kreativ zu bewältigen? Woher nahm er die Kraft zu tanzen, um niedergeschlagene Mitbrüder aufzuheitern? Ignatius von Loyola und der von ihm gegründete Jesuitenorden werden gern als militärisch gesehen. Obwohl Ignatius Offizier war und es in der Geschichte der Gesellschaft Jesu gelegentlich kasernenhaft zuging, liegt hier nicht das Entscheidende. Richtiger ist es, Ignatius als den *verwundeten Soldaten* zu sehen. Als Verwundeter wird er zum Helden, zum Mystiker, der »Gott in allen Dingen findet«. Als Dreißigjähriger, am Pfingstmontag 1521, verteidigt er mit seinen Leuten die Festung Pamplona gegen eine französische Übermacht. *Äußerlich* zerschmettert ihm ein Geschoss den rechten Unterschenkel und verletzt den linken schwer, so dass er Monate lang nicht nur um eine Wiederherstellung seiner ritterlichen Gestalt ringt. Zunächst ging es ihm um das physische Überleben, dann um sein Aussehen. Vermutlich liebte er enge Stiefel, sonst hätte ihn der Knochenvorsprung unter dem Knie nicht gestört. *Innerlich* ist er an diesem Pfingstmontag in die Neuzeit eingetreten. Viele seiner früheren Ritter-, Minne-, Helden- und Heiligenideale gehören ins Mittelalter. Ganz und gar modern ist sein Weg zu einer persönlichen Spiritualität, in die er auf dem selbst gegangenen Weg der Exerzitien ungezählte Frauen und Männer einführen wird.

### Übung 24: Rollentausch mit Ignatius

*Ignatius schrieb Zeit seines Lebens eine Fülle von Briefen. Nun bin ich der Adressat. Ich schlüpfe in die Rolle des Ignatius und teile dem Adressaten – mir selbst – mit, welche Folgen die Schussverletzungen hatten.*

»Wenn dir der hinkende Ignatius heute begegnet, bring ihn um!«, können wir in Abwandlung eines bekannten Zen-Koans (If you meet Buddha on the road, just kill him) formulieren. Die beste Heiligen-»Verehrung« Ignatius gegenüber besteht darin, eigene spirituelle Erfahrungen zu machen, den inneren Meister zu entdecken und insofern den äußeren symbolisch zu töten. Es geht nicht darum, die asketischen Exzesse, den gelegentlich recht autoritären Führungsstil oder gar die suizidalen Anwandlungen des Ignatius, die im Pilgerbericht (Nr. 24) geschildert werden, nachzuahmen. So geht es in diesem Buch auch nicht in erster Linie um die Verwundung des Ignatius, sondern um die Wunden derjenigen, die ihn anschauen. Wie Ignatius »bei Gott in die Schule ging« (Pilgerbericht 27) und sich durch die eigenen Wunden verwandeln ließ, so kann es im Rahmen längerer Heilungsprozesse gelingen, »heiler« zu werden. Nicht »heil« im Sinn einer idealen Stärke, Schönheit und

Gesundheit, sondern im Sinn des Annehmens von Begrenzungen und auch bleibender Wunden. So eignet sich Ignatius als Patron all derer, die sich den eigenen Wunden stellen und Heilung suchen. Vor allem Frauen haben, obwohl von Ignatius selbst nicht immer gut verstanden, seine Spiritualität übersetzt und nachempfunden.

ÜBUNG 25: »NICHT TUSCHELN«
*Ein wegen einer Chromosomen-Besonderheit geistig behindertes Mädchen lächelt mich von einem Plakat an. Ich bin allein mit diesem Bild und übe den Umgang mit der Behinderung in mir und mit der Behinderung, die mir begegnet (nach einer Plakatserie: www.lebenshilfe.de).*

Die Verwundung des Ignatius und seine Gottsuche erinnern an die schon erwähnte Begegnung des Stammvaters Jakob mit einem dunklen Gegenüber, der an der Furt des Jabbok mit ihm ringt:

»Der sieht, dass er ihm nicht beikommen kann,
und berührt ihn an der Hüfte.
Da renkt sich das Hüftgelenk Jakobs aus
während des Ringkampfs mit ihm« (Genesis 32,26).

Die Verwundung Jakobs wird als magische Berührung (hebräische Wurzel *ngʿ*) der Hüftpfanne umschrieben. Durch dieses Berühren will der Unbekannte, der sich wie ein archaischer Flussdämon verhält, ein Einhalten im Kampf bewirken. Dasselbe Wort steht auch umschreibend (»eine Frau berühren«) für sexuelle Beziehungen (Genesis 20,6; Sprüche 6,29). Sexualität kann verwunden, denn sie schafft Nähe, die verwundbar

macht und die deshalb besonders schutzbedürftig ist. In Jesaja 53 ist der Gottesknecht ein *nagua*ʿ (vom selben hebräischen Wort): ein Berührter, Gestrafter, Getroffener – um unserer Verletzungen willen. Symbolisch steht die Hüfte für die verwundete Männlichkeit, etwa in der Gralslegende, wo der Fischerkönig an der Hüfte, nach manchen Quellen auch an den Hoden, verwundet ist. Mit ihm wartet die Gralsburg auf die erlösenden Fragen Parsifals, lange Zeit vergeblich, weil der *innocent fool* (der unschuldige Verrückte) zuerst selbst einen Individuationsweg gehen muss.
Jakob gibt ebenso wenig auf wie Ignatius und kämpft weiter:

> »[Der Mann] sagt: Lass mich,
> denn aufgestiegen ist die Morgenröte.
> [Jakob] sagt: Ich lasse dich nicht,
> du segnest mich denn« (Genesis 32,27).

Durch die Berührung an der Hüfte ist Jakob keineswegs besiegt. Vielmehr hält Jakob trotz seiner Verwundung den Gegner fest wie ein Faustpfand. Deshalb kann Jakob die Bedingung des Segens stellen. Segnen (hebräisch *brk*) heißt hier: übertragen von Kraft. Jakob ist so schwach und stark zugleich, dass er dem Unbekannten Kraft abtrotzen kann. Zwar trägt er eine bleibende Verwundung davon, aber auch eine Stärke, einen Segen. In gewisser Weise ist er dem Nachtdämon sogar überlegen; denn die Zeit arbeitet für ihn. Seine Verwundung wandelt sich in Kraft: »Ich habe Gott von Angesicht gesehen, und meine Seele ist genesen« (Genesis 32,31; Übers. nach Luther).
Die Krankheits- und Heilungsgeschichte heutiger Kranker zeigt oft einen Entwicklungsprozess, der dem

des Ignatius ähnlich ist: Eine plötzliche Behinderung, beispielsweise durch einen Unfall, verändert das Lebenskonzept und stürzt den Betroffenen in eine seelische Krise. Wird die Krise bewältigt, kann der Kranke die körperliche Behinderung annehmen; häufig ist dieser Prozess mit neuen spirituellen Erfahrungen verbunden. Zwar müssen bisherige Ziele und Erfolgsmaßstäbe aufgegeben werden; das innere Wachstum und die Lebensqualität können jedoch zunehmen. Die Forschung spricht vom »Zufriedenheitsparadox« zwischen starker Belastung einerseits und stabiler Zufriedenheit andererseits.[31] Umgekehrt zeigt sich bei Menschen, denen die seelische Bewältigung nicht gelingt, dass sie unter Sinn- und Hoffnungslosigkeit leiden und keinen Ausweg sehen. Besonders eindrücklich ist, dass leibliche und seelisch-spirituelle Heilung gegenläufig verlaufen können, wie es sich bei Krebskranken im fortgeschrittenen Stadium zeigt (siehe Abb. 1 unten): Zwar ist die Wiederherstellung der Gesundheit (»to cure«) nicht mehr möglich und der Tod absehbar, wohl aber bleibt die seelische und spirituelle Heilung (»to heal«) bis zum Lebensende möglich.
Karl Rahner[32] hat, ähnlich wie vor ihm Johannes Tauler, den verwundenden Gott mit einem Jäger verglichen: *Wie* ein Jäger sucht uns Gott und verfolgt uns, bis er uns gewissermaßen zur Strecke bringt. Verwunden, Verfolgen, Jagen, Heimsuchen sind Bilder für die suchende göttliche Liebe. Weil wir uns jedoch als älter werdende Menschen *tatsächlich* im Kampf mit dem dunklen, verwundenden Gott oft als die Gejagten erfahren, *ist* Gott der Suchende auch dann, wenn wir ihn wie Hiob als verfolgenden Gott erleben (Hiob 19 u.a.). Die unvermeidlichen Einschränkungen unserer Gesundheit, Kraft und Zeit schreiben wir als gläubige

Menschen Gott zu. Wir beginnen mit ihm zu hadern, bevor wir uns endlich ihm ergeben.

»Wenn wir schon älter sind, ist es uns nicht schon leise und scheu, aber wie in unsagbarem Entzücken, das man sich selber nicht zugestehen wagt, vorgekommen, wir hätten den Eindruck, wir könnten der Liebe Gottes nicht mehr entlaufen, der göttliche Jäger habe sein Wild, das ihm immer entfliehen will, schon so umstellt, dass es eigentlich nur noch in seligem Zittern warten könne auf den Augenblick, wo es endgültig seine Beute werde?«[33]

Jesus rät: »Wenn du ein Essen gibst, dann lade Arme, Krüppel, Lahme und Blinde ein« (Lukas 14,12). Der Mensch nach der Lebensmitte wird dies im Sinn seiner sozialen und politischen Verantwortung verstehen. Vor allem aber wird er sich selbst als arm, verkrüppelt, lahm und blind erfahren und trotz dieser Verwundungen, ja: aus diesen Verwundungen Kraft schöpfend Heilung erfahren. »Wenn du ein Essen gibst, dann lade Arme, Krüppel, Lahme und Blinde ein. *Du wirst selig sein, denn sie können es dir nicht vergelten*«.

Die Überlegungen dieses Buchs handeln von der Heilung. Sie ist ein großes Ziel, das sich im Laufe des Lebens relativiert und in Teilziele aufgliedert. Verwundete, Behinderte, Kranke konfrontieren uns auf den ersten Blick damit, wie wir nicht sein wollen: krank und heillos. Wenn wir aber die Augen nicht abwenden, werden wir die Wunde in uns selbst entdecken und damit den inneren Heiler. Dies ist das Geheimnis der Schlange.

# Anmerkungen

[1] Sas S. Der Hinkende als Symbol. Zürich 1964.
[2] Ermann M., Frick E., Kinzel C., Seidl, O. *Einführung in die Psychosomatik und Psychotherapie. Ein Arbeitsbuch für Unterricht und Eigenstudium.* Stuttgart Berlin Köln 2006.
[3] Zitiert in Frick E. Durch Verwundung heilen. Zur Psychoanalyse des Heilungsarchetyps. Göttingen Zürich 1996.
[4] Frick E. Widerstand oder Ergebung? Spirituelle und ärztlich-psychotherapeutische Kriterien der religiösen Krankheitsbewältigung. *Zeitschrift für Medizinische Ethik* 2004; **50** (4)**:** 371–383.
[5] Sloan RP, Bagiella E, VandeCreek L, et al. Should physicians prescribe religious activities? *New England Journal of Medicine* 2000; **342** (25): 1913–1916 (Diskussion 1339–1342).
[6] Benson H., Dusek J.A., Sherwood J.B., et al. W. Study of the Therapeutic Effects of Intercessory Prayer (STEP) in cardiac bypass patients: A multicenter randomized trial of uncertainty and certainty of receiving intercessory prayer. *American Heart Journal* 2006; **151**:934-942.
[7] Benke C. Sehnsucht nach Spiritualität (Ignatianische Impulse Bd. 20). Würzburg 2007, 18f.
[8] Sudbrack J. Spiritualität – Modewort oder Zeichen der Zeit? *Geist und Leben* 1998; **71**:198-211. Vgl. Renz M. Grenzerfahrung Gott – Spirituelle Erfahrungen in Leid und Krankheit. Freiburg 2003; Fischer J. Kriterien spiritueller Unterscheidung in der postsäkularen Gesellschaft. In: Utsch M, Fischer J, eds. Im Dialog über die Seele. Transpersonale Psychologie und christlicher Glaube (Forum Theologie und Psychologie, Band 7). Münster 2003: 127–141.
[9] Frick E., Riedner C., Fegg M.J., Hauf S., Borasio G.D. A clinical interview assessing cancer patients' spiritual needs and preferences. *European Journal of Cancer Care* 2006; **15**:238-243.
[10] Siehe Anm. 4.
[11] Siehe Anm. 3.
[12] Siehe Anm. 4.
[13] Siefert H. Inkubation, Imagination und Kommunikation im antiken Asklepioskult. In: Leuner H, ed. *Katathymes Bilderleben. Ergebnisse in Theorie und Praxis.* Bern Stuttgart Wien 1983: 324–346.
[14] Jung CG. The process of individuation. Exercitia spiritualia of St. Ignatius of Loyola. Notes on lectures given at the Eidgenössische Technische Hochschule, Zürich. June 1939 – March 1940 (Vervielfältigtes Typoskript). 1940, 21.
[15] Siehe Anm. 3.
[16] Eissler KR. Die Ermordung von wievielen seiner Kinder muß ein Mensch symptomfrei ertragen können, um eine normale Konstitution zu haben? *Psyche* 1963; **17** (5)**:** 241–291.
[17] Galea S, Ahern J, Resnick H, et al. Psychological sequelae of the

september 11 terrorist attacks in New York City. *New England Journal of Medicine* 2002; **346:**982–987.
[18] Leutz GA. Das klassische Psychodrama nach J. L. Moreno. Berlin Heidelberg New York 1974, 145.
[19] Jung CG. Erinnerungen, Träume, Gedanken von C.G. Jung. Aufgezeichnet und hg. von Aniela Jaffé. Zürich 1962/1976, 139.
[20] Der Theologe Raymund Schwager hat diesen »Tausch« zwischen Jesus als dem Sündenbock und der erlösungsbedürftigen Menschheit in einem unveröffentlichten Text ausgedeutet (»In Memoriam Johannes Paul II.: Christus – Erlöser des Menschen. Soteriologie des Papstes«; http://theol.uibk.ac.at/itl/563.html). Auch Martin Luther spricht in Bezug auf das rechtfertigende Handeln Gottes vom »admirabile commercium« (WA 5,608,6–8).
[21] Frick E. und Lautenschlager B. Gott und der Mensch sind Zwillinge. Spirituelle Dialoge mit C.G. Jung. München 2008 (in Vorbereitung).
[22] Racker H. Übertragung und Gegenübertragung. Studien zur psychoanalytischen Technik. München Basel 1988; Mayr U. (Hg.). Wenn Therapien nicht helfen. Zur Psychodynamik der »negativen therapeutischen Reaktion«. Stuttgart 2001.
[23] Daniel R. Krebs – Körper und Symbol. Archetypische Aspekte einer Krankheit. Zürich 2000; Sontag S. Krankheit als Metapher (Illness as metaphor, dt.). München Wien 1980.
[24] Frick E., Motzke C., Fischer N., Busch R., Bumeder I. Does perceived social support predict survival following autologous peripheral blood stem cell transplantation? *Psycho-Oncology* 2005; **14**: 759-770.
[25] Žižek S. Liebe dein Symptom wie Dich selbst! Jacques Lacans Psychoanalyse und die Medien. Berlin 1991.
[26] Renz; siehe Anm. 8.
[27] Bion WR. Attention and interpretation. A scientific approach to insight in psycho-analysis and groups. London Sydney Toronto Wellington 1970/1975.
[28] Siehe Anm. 4.
[29] Siehe Anm. 8.
[30] Siehe Renz, Anm. 8.
[31] Herschbach P. Das »Zufriedenheitsparadox« in der Lebensqualitätsforschung. Wovon hängt unser Wohlbefinden ab? Psychotherapie *Psychosomatik medizinische Psychologie* 2002; 52:141–150.
[32] Rahner K. Von der Not und dem Segen des Gebets. Freiburg i. Br. 1960, 104.
[33] Siehe Anm. 32.

In der Reihe **Ignatianische Impulse** sind bisher erschienen:

Band 1: Willi Lambert, **Das siebenfache Ja,** Exerzitien – ein Weg zum Leben

Band 2: Stefan Kiechle, **Sich entscheiden**

Band 3: Piet van Breemen, **Alt werden als geistlicher Weg**

Band 4: Heiner Geißler, **Glaube und Gerechtigkeit**

Band 5: Cordula und Ottmar Leidner, **Weil ich mit dir wachsen möchte,** Herausforderung Ehe

Band 6: Klaus Mertes, **Verantwortung lernen,** Schule im Geist der Exerzitien

Band 7: Karl Frielingsdorf, **Gottesbilder,** Wie sie krank machen – wie sie heilen

Band 8: Christian Troll, **Als Christ dem Islam begegnen**

Band 9: Bernd Hagenkord, **jugend@gott**

Band 10: Claudia Bausewein, **Sterbende begleiten**

Band 11: Willi Lambert, **Wovon die Liebe lebt,** Eucharistie und Lebenskultur

Band 12: Eckhard Frick, **Sich heilen lassen**

Band 13: Stefan Kiechle, **Macht ausüben**

Band 14: Franz Jalics, **Der kontemplative Weg**

Band 15: Ignatius von Loyola, **In allem – Gott**

Band 16: Gundikar Hock (Hg.), **Ergriffen vom Feuer**

Band 17: Michael Hainz, **Freundschaft mit Armen**

Band 18: Christian Herwartz, **Auf nackten Sohlen,** Exerzitien auf der Straße

Band 19: Albert Keller, **Sinn im Unsinn,** Worüber Jesuiten lachen

Band 20: Christoph Benke, **Sehnsucht nach Spiritualität**

Band 21: Alfred Delp, **Im Angesicht des Todes**

Band 22: Peter Balleis, **Leidenschaft für die Welt**